下穿铁路支点桩施工技术与管理

刘 博 ◆ 著

郑州大学出版社

图书在版编目(CIP)数据

下穿铁路支点桩施工技术与管理／刘博著. -- 郑州：
郑州大学出版社，2025.6. -- ISBN 978-7-5773-1274-3

Ⅰ. U415.6

中国国家版本馆 CIP 数据核字第 2025UE0784 号

下穿铁路支点桩施工技术与管理

XIACHUAN TIELU ZHIDIANZHUANG SHIGONG JISHU YU GUANLI

策划编辑	祁小冬	封面设计	王　微
责任编辑	董　强	版式设计	王　微
责任校对	王瑞珈	责任监制	朱亚君

出版发行	郑州大学出版社	地　　址	河南省郑州市高新技术开发区
经　　销	全国新华书店		长椿路 11 号(450001)
发行电话	0371-66966070	网　　址	http://www.zzup.cn
印　　刷	郑州宁昌印务有限公司		
开　　本	787 mm×1 092 mm　1／16		
印　　张	10	字　　数	252 千字
版　　次	2025 年 6 月第 1 版	印　　次	2025 年 6 月第 1 次印刷

| 书　　号 | ISBN 978-7-5773-1274-3 | 定　　价 | 59.00 元 |

本书如有印装质量问题,请与本社联系调换。

作者简介

刘博,男,1982年10月出生,汉族,河南洛阳人,高级工程师。现任河南开封城际铁路投资有限公司董事长,兼任河南郑州机场城际铁路有限公司董事长。曾获河南铁建投集团"优秀管理者"、中交铁道设计研究总院"优秀共产党员"、中国铁设集团"优秀共产党员"等称号,曾任中交集团融合发展项目评标入库专家,现任国家铁路局铁路科技标准规划专家库入库专家。主持的郑开城际铁路延长线项目荣获"河南省安全标准化工地""第十届河南省土木建筑科学技术奖(建设安全方面)""中国建筑业协会2024年建设工程安全生产标准化工地"。

曾获天津市海河杯优秀勘察设计一等奖1项、国家铁路局优秀勘察设计二等奖1项、河南省工程咨询一等奖1项、河南省工程建设科学技术成果特等奖2项。主持河南铁建投集团科研课题2项;参编团体标准2个;发明专利2项、实用新型专利8项;发表核心期刊论文3篇。

前　言

随着我国公路网和铁路网密度不断加大，新建公路与既有铁路线路发生交叉的情况愈发常见。目前下穿既有铁路线路主要是采用框架涵顶进法进行施工，可以最大限度地减少对既有铁路正常运营的影响[1,2]，其中的支点桩施工是核心环节。当前下穿铁路支点桩已有一套成熟的施工体系，但随着工程环境越来越复杂，施工难度也越来越大，迫切需要开展更深入的研究。为此，本书以优化施工技术、缩短施工工期、提高施工质量为目标，依托实际工程——开封市黄河大街项目，对下穿铁路支点桩不同施工阶段的关键施工技术开展系列研究。

本书围绕防护结构施工、支点墩施工、架空开槽、支点桩施工、附属设施恢复几个方面的施工技术展开阐述。各章节主要研究内容如下：第 1 章综述了框架涵下穿的发展历史、下穿方法分类、下穿既有铁路工程特点及下穿铁路支点桩施工技术难点及处理措施；第 2 章简要介绍了本书依托的项目——开封市黄河大街下穿陇海铁路支点桩营业线（含邻近）的项目概况以及编制依据、范围和目的；第 3 章围绕开封市黄河大街项目开展施工安排及施工防护，主要包括施工组织安排、施工资源安排和施工防护；第 4 章详细介绍了开封市黄河大街下穿陇海铁路支点桩营业线（含邻近）主要施工组织方案，可分为以下几个主要步骤：设置硬隔离→应力放散→接触网及电缆迁改→支点墩施工→第一次线路架空→开槽→支点桩施工→回填基槽、线路恢复→拆除架空，同时在施工过程中为了保障施工安全，会对路基和轨道进行沉降监测；第 5 章主要介绍了安全目标及保证措施、质量目标及保证措施和文明施工及环境保护措施；第 6 章主要介绍了现场的应急处置预案，包括应急组织机构设置、应急备品等，同时明确了各个应急组织人员的职责并制订了应急处理程序和措施。

本书内容丰富，重点突出，系统性阐述了下穿铁路支点桩全过程施工阶段相应关键技术，并结合具体施工案例对目前下穿铁路支点桩施工中的技术难点进行了深入分析，提出了相应的解决措施，为工程技术人员的现场施工提供了理论依据与技术参考。

本书可以作为我国下穿铁路支点桩施工、设计和管理等相关技术人员的参考书。由于作者水平有限，再加上时间仓促，书中难免存在不妥及疏漏之处，敬请读者批评指正。

作者
2025 年 3 月

目录

第1章 绪 论 ……………………………………………………… 1

1.1 框架涵下穿发展历史 …………………………………………… 1

1.2 框架涵下穿方法分类 …………………………………………… 2

1.3 下穿既有铁路工程特点 ………………………………………… 3

1.4 下穿铁路支点桩施工技术难点及处理措施 …………………… 3

第2章 项目概况及施工组织编制依据、范围、目的 ……………… 6

2.1 项目概况 ………………………………………………………… 6

2.2 施工方案编制依据、范围、目的 ……………………………… 13

第3章 施工安排及施工防护 ……………………………………… 15

3.1 施工组织安排 …………………………………………………… 15

3.2 施工资源安排 …………………………………………………… 22

3.3 施工防护 ………………………………………………………… 24

第4章 主要施工组织方案 ………………………………………… 30

4.1 施工工艺流程 …………………………………………………… 30

4.2 硬隔离及作业门设置 …………………………………………… 31

4.3 "四电"防护、迁改及接触网过渡施工 ……………………… 32

4.4 防护桩施工 ……………………………………………………… 32

4.5 人工挖孔桩施工 ………………………………………………… 43

4.6 第一次线路架空 ………………………………………………… 46

4.7 拆除架空 ………………………………………………………… 65

4.8　慢行期间线路检查 ·· 67

4.9　附属工程施工 ·· 68

4.10　涵洞接长、路面铺装 ··· 68

4.11　路基及轨道监测 ··· 86

第5章　目标及保证措施 ·· 94

5.1　安全目标及保证措施 ·· 94

5.2　质量目标及保证措施 ·· 96

5.3　文明施工及环境保护措施 ··· 122

第6章　现场应急处置预案 ··· 125

6.1　应急组织机构 ··· 125

6.2　应急组织人员职责 ··· 125

6.3　应急处理程序和措施 ··· 126

6.4　应急预案 ··· 128

6.5　应急备品 ··· 134

参考文献 ··· 135

附　录 ··· 137

第 1 章

绪　论

1.1　框架涵下穿发展历史

20 世纪 60 年代前后,箱涵式框架涵顶进施工方法开始出现并发展[3]。1957 年,德国于奥芬堡市顶进了位于铁路线下结构尺寸为 2.5 m×2.4 m(宽×高)的钢筋混凝土箱涵。1960 年,英国采用机械开挖方法开挖土体,建造地下通道,并利用激光制导控制顶进方向。1976 年,日本使用了 URT 工法(under railway/road tunnelling method),该方法采用梯形或椭圆形截面的中空形钢管从铁路线的一侧直接横向压入路基,钢管承受铁路上的荷载,并将其传递至平行铁路线的主梁上,钢管与主梁形成横、纵梁线路加固系统。基于 URT 工法,后来日本又研究了侧壁部分也依次压入钢管的 NNCB 施工工法。加固体系建好之后,在线路下方开挖土体,最后采用现浇方式浇筑框架涵[4, 5]。

总体来看,框架涵下穿发展可分为几个阶段[1, 6, 7]:

1)早期框架结构的出现(19 世纪末至 20 世纪初)

框架结构起源于 19 世纪末的第二次工业革命期间,最早的框架结构主要用于钢筋和混凝土的高层建筑。著名的早期例子有芝加哥的"斯基德莫雷建筑"(Skidmore, Owings & Merrill)和纽约的"帝国大厦"。

2)框架结构的发展(20 世纪中叶)

随着建筑技术的发展,框架结构的设计和施工方法不断演进。20 世纪中叶,随着计算机技术和建筑材料的进步,框架结构变得更加复杂和高效,尤其是在高层建筑和大跨度建筑中,框架结构得到了广泛应用。

3)框架涵下穿技术的兴起(20 世纪末至 21 世纪初)

框架涵下穿技术专门用于处理框架结构与地下或穿越结构的连接问题。例如,在高层建筑的基础工程中,常常需要对地下水位、地下交通等因素进行综合考虑。框架涵下穿技术的引入,有助于解决这些复杂问题,提高建筑的稳定性和安全性。

4)框架涵下穿技术当前发展(21 世纪初至今)

进入 21 世纪后,框架涵下穿技术得到了进一步的发展,特别是在城市建设和基础设施项目中。现代建筑工程中,框架结构与地下设施的结合变得更加智能化,使用了更先进的建模和仿真技术来优化设计和施工。这项技术的不断进步使得现代建筑可以更加灵活地适应复杂的地质和城市环境,同时提高了建筑的功能性和安全性[8, 9]。

我国从 20 世纪 60 年代开始采用顶进法建造框架涵。1965 年,北京永定门最先使用顶进法建造框架涵,随后,北京建造了广渠门、西大望路、三环路纪家庙、丰台等框架涵,石家庄建造了南马路、和平路、二环路党家庄框架涵。近年来,随着铁路网的逐年扩展,框架涵的建造数量与日俱增。框架涵的结构尺寸也从小发展到大,从单孔、双孔框架涵逐步发展到三孔、四孔甚至更多的孔数,顶进角度也从正交顶进发展到斜交顶进。

1.2 框架涵下穿方法分类

目前框架涵下穿既有铁路的施工方法主要包括以下几类[10, 11]:

(1)直接顶进施工方法:该方法是指采用顶管机或千斤顶直接将预制完成的框架涵顶进至设计位置。

(2)管幕-箱涵顶进施工方法:该方法以单管顶进为基础,采用小型顶管设备将钢管顶入拟建框架涵的四周,利用各单管之间的锁口形成牢固的管幕用以支撑外部荷载,进而将预制框架涵在管幕中间顶进,形成框架涵通道,如图 1-1 所示。

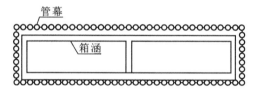

图 1-1 管幕-箱涵顶进施工方法示意图

(3)R&C 施工方法:该施工方法是指在预制好的框架涵前端设置箱形管幕,前期将箱形管幕作为既有线的承重结构,随着框架涵向前顶进,逐渐将框架涵作为承重结构,如图 1-2 所示。

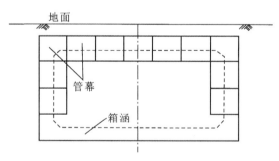

图 1-2 R&C 施工方法示意图

(4)箱涵顶进双重置换施工方法:该方法在施工前先预制与框架涵外围尺寸相同的矩形管幕,施工时先行分节顶进预制完成的矩形管幕用以支撑外荷载,随后将待顶进框架涵接于管幕后侧,通过顶进框架涵,推动管幕完成框架涵的下穿。

(5)架空顶进施工方法:在框架涵顶进前,将下穿区域对应既有线采用吊轨或者桩基+便梁结构进行架空;待下穿区域既有线由路基承重模式转变为桥梁承重模式后,直接进行框架涵挖土顶进,然后拆除架空结构,恢复线路。

1.3 下穿既有铁路工程特点

下穿既有铁路工程是一项同时涉及社会经济、环境的复杂工程,建设中既要保证既有铁路线的安全运营,又要保证新建工程的安全质量[10-12]。此类工程具有以下几种较为突出的问题:

1)地下工程的隐蔽性

隐蔽性是地下工程最为显著的特点,这导致此类工程的返修较为困难,因此必须保证施工过程的安全质量,做到一次达标。

2)施工变形控制标准高

下穿铁路工程施工过程中,既有铁路线正常运营,若施工导致较大的线路变形,极易危害行车安全,造成巨大的损失。

3)水文地质条件影响大

地质条件不同,采用的施工方法也不同,相同地表及线路的沉降也会有差异。如在黏土中施工则地层相对稳定,支护结构可适当减少,而在砂型地层中则极易发生流坍现象。水的存在也会对地层的承载力产生较大影响。

4)施工影响具有长期性

下穿工程施工后,会对既有路基属性产生较大影响,如下穿的框架涵代替原有路基受力,其刚度的差异就会对线路沉降产生不同的效果,且土体扰动后新的应力平衡状态需较长时间形成。

5)交叉施工干扰大

下穿工程不可避免地会在线上施工,由于既有线仍有列车运行,会造成线上施工具有间断性;同时,线下施工由于土体的开挖等原因,为防止施工过程的间歇造成长时间的应力集中,又要求线下施工必须不间断进行。

6)组织管理情况特殊

施工现场下部框架涵、箱涵等的预制,与上部线路的架空交叉进行,易发生高空坠物等安全事故,各部门、各工种未配合好也易造成安全事故。

1.4 下穿铁路支点桩施工技术难点及处理措施

1)断桩

断桩会影响支点桩的质量,降低支点桩的承载力,如果在施工中没有及时发现,将会给后期的框架涵施工留下较大的安全隐患[13]。断桩表现主要是混凝土桩没有形成一个整体,从而桩身出现断裂的现象。导致断桩的原因很多,如果混凝土发生离析,就会因为桩身的整体性能不均匀,在薄弱位置受力较大,然后就会发生断桩;在灌装混凝土的过程中,如果因为导管堵塞或者导管卡挂,钢筋笼会发生塌孔,如处理不良,桩身会因夹泥而发生断桩;如果灌筑的时间较长,在首批混凝土已经初凝后,发生断料现象,两批混凝土的黏结力将会降低,从而导致断桩[14]。断桩属于严重的施工事故,如果是在施工过程中发生的,能够及时发现,还可以采取补救措施。但是如果断桩是在整个工程完成后才发生的,就会降低灌筑桩的承载力,从而影响支点桩的质量。尤其在框架涵下穿铁路支点桩施工中,支点桩的承载力更大,质量和安全保证尤为重要,稍有不慎,就可能造成严重的安全事故。

处理措施:在成孔时,控制好泥浆的密度和孔底的沉淤,并且在第一次清孔时要将泥块彻底清除干净;加强对混凝土性能的检测,保证混凝土整体性能的稳定性,防止出现离析现象。导管要具有良好的抗拉强度,能够承受自重以及满载混凝土的重量,防止导管断裂。在灌筑之前,应该对导管进行试拼,测试其是否具有良好的水密性,防止在灌筑混凝土的过程中进水。在灌筑混凝土的过程中,要注意控制好导管提升的速度,避免大幅度提升导管。控制好导管的埋深,掌握好灌筑的时间[15],避免灌筑的过程中断料。在拔导管时,要经过精确的计算,在确定混凝土的埋深合格后再拔管。

2)缩径

在灌筑混凝土的过程中,由于孔壁受到挤压或者坍塌等危害,会影响到桩的完整性,从而导致桩身整体强度下降,承载力降低[16, 17]。主要原因有:清孔不彻底,泥浆中含泥块较多,加之终灌拔管过快,引起桩顶周边夹泥,导致保护层厚度不足;孔中水头下降,对孔壁的静水压力减小,导致局部孔壁土层失稳坍落,造成混凝土桩身夹泥或缩径。孔壁坍落部分留下的窟窿,成桩后形成护颈。

处理措施:为防止缩径问题的出现,在灌筑混凝土之前,应该做好清孔工作,将泥块清除干净。在钻孔时,要根据实际情况对钻头的直径进行选择,并且严格监控地层变化,根据地层性质的不同,配合使用不同的泥浆。在实际施工中遇到缩径问题时,如果情况不严重,要对桩身的承载力重新核算,提供准确的技术参数;如果缩径比较严重,已经达不到规定的承载力标准,则需要进行换桩处理[18, 19]。

3)孔壁坍塌

孔壁坍塌是钻孔灌筑桩施工中面临的主要技术难点,一旦发生,将会对工程造成极大的影响。在灌筑混凝土的过程中,如果发现护筒内的泥浆水位突然上升,然后突然降落并且伴有气泡,则说明可能出现了孔壁坍塌。如果发生孔壁坍塌,将会导致孔底出现大量沉渣,单桩与维持力度的土层的黏合性降低,由此会对灌筑桩的质量产生严重的影响。情况严重时,会导致灌筑桩报废。造成孔壁坍塌的原因一方面是护壁的承载力较低,孔壁土在受到静水压力的情况下,当超出了孔壁所能够承受的压力的极限时,就会发生坍塌。另一方面是土质不良,自身的固结能力较差,所以容易出现流砂现象。

处理措施:孔壁坍塌直接影响到钻孔的质量和进度,随着钻孔深度的增加,孔壁坍塌出现的概率增大,为了防止孔壁坍塌,应该做好各项防范措施。在掏渣筒下落或者上升的过程中,尽量使其保持竖直状态,避免破坏孔壁而对孔壁的稳定性造成影响。一定要保证护筒的坚固性和密封性,并且保证钻孔内的水头比地下水的水位要高,以增大孔内的静水压力,可防止因为静水压力过大而发生的孔壁坍塌。尽量选择膨胀性能好的泥浆进行施工,并且做好土质的测定工作。

4)钢筋笼上浮

钢筋笼上浮是钻孔灌筑桩施工中遇到的技术难点之一,上浮的程度有轻有重,轻者约有数厘米,情况严重的会上浮几米,甚至会难以控制其局面。发生此现象是因为对小桩孔灌筑混凝土时,钢筋笼会产生向上的压力与摩擦力。如果混凝土的质量不达标,也会导致钢筋笼上浮。

处理措施:导管埋入不宜过深,导管埋得越深,混凝土和钢筋笼作用面积越大,危害越大。施工时要检测好深度,控制拔管的速度,及时灌入混凝土,避免出现堵塞问题。混凝土坍落度不能太小,坍落度越小流动性越差,混凝土流动时会不断上升,对钢筋笼产生较大的摩擦力,钢筋笼也会不断上升。因此,要选择适宜的坍落度。

灌筑桩因为承载力强、适用性强,所以在建筑地基施工中得到了广泛的应用。但是因为混凝土是在泥水中灌筑,且成孔速度慢,所以其施工质量直接影响到桩的承载力,而灌筑混凝土的过程属于隐蔽工程,对施工质量很难掌控,每道工序之间的衔接非常紧密,所以对于施工工艺有较高的要求。为了保证施工质量,需要加强对每道工序的质量控制,做好充分的准备工作,每个步骤都需要严格按照规范程序的标准操作,切实保障钻孔灌筑桩的施工质量,提高灌筑桩的承载力,为保证建筑工程的地基施工质量奠定坚实的基础[20, 21]。

第2章

项目概况及施工组织编制依据、范围、目的

2.1 项目概况

2.1.1 项目周边环境

（1）陇海铁路下行里程 K503+500～K503+640 处顶进 4 孔分离式框架涵，顶进框架净空分别为 7.5 m、12.5 m、12.5 m、7.5 m，涵长 20.5 m，框架涵与陇海铁路下行线交叉里程为 K503+579.34，夹角 87°，1~7.5 m 框架涵净高 6.9 m，净宽 7.5 m，顶板厚 0.7 m，底板厚 0.8 m，边墙厚 0.7 m；1~12.5 m 框架涵净高 6.3 m，净宽 12.5 m，顶板厚 1 m，底板厚 1.1 m，边墙厚 1 m，预制基坑在铁路南侧，框架涵自南向北顶进，就位中心位置涵边距陇海铁路上、下行线均为 7.61 m，如图 2-1 所示。

（2）框架涵顶进到位后两侧用 U 形槽进行接长，南侧接长南 U1+南 U2（15.99 m+15 m），北侧接长北 U1（13.831 m），接长涵施工完毕后进行路面铺装作业，如图 2-2 所示。

路面铺装新建机动车道采用 18 cm 3% 水泥稳定碎石基层+40 cm 4% 水泥稳定碎石基层+0.6 cm 乳化沥青封层+7 cm 中粒式沥青混凝土+4 cm 细粒式改性沥青混凝土的结构形式；非机动车道采用 16 cm 3% 水泥稳定碎石基层+16 cm 4% 水泥稳定碎石基层+0.6 cm 乳化沥青封层+5 cm 中粒式沥青混凝土+3 cm 细粒式改性沥青混凝土的结构形式；人行道采用 10 cm³ 级配碎石+15 cm C20 混凝土+2 cm M10 水泥砂浆+6 cm 陶瓷砖的结构形式。

设计单位：中铁第四勘察设计院集团有限公司；

监理单位：河南长城铁路工程建设咨询有限公司；

设备管理单位：中国铁路郑州局集团有限公司郑州桥工段、供电段、电务段、通信段、车务段、房建公寓段；

建设单位：开封市基础设施建设中心；

施工单位：中国铁路郑州局集团有限公司郑州南站工程建设指挥部。

2.1.2 项目既有铁路概况

开封黄河大街框架涵与陇海铁路交叉处的陇海铁路里程为 K503+579.34，交叉角度 87°，位于杏花营—开封站区间内，共穿越 2 股道，由南向北分别为陇海下行线、陇海上行线，线间距为 5.29 m，如图 2-3 所示。陇海铁路为双线电气化铁路，国家一级干线，线路允许速度 160 km/h；铁路位于直线段上。无缝线路、钢筋混凝土Ⅲ型枕，P60 轨。框架涵涵顶至陇海铁路轨面距离 0.9 m。

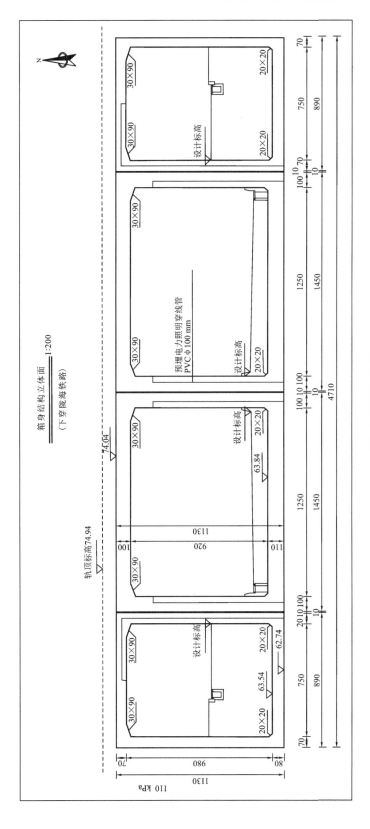

图2-1 箱身结构图

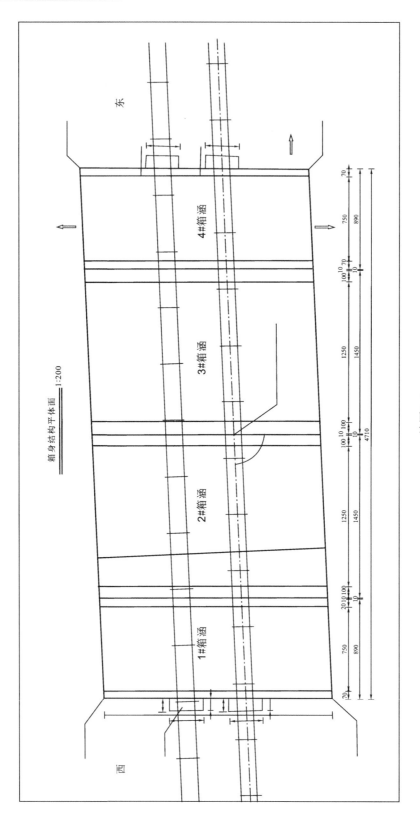

箱身结构平体面 1:200

续图2-1

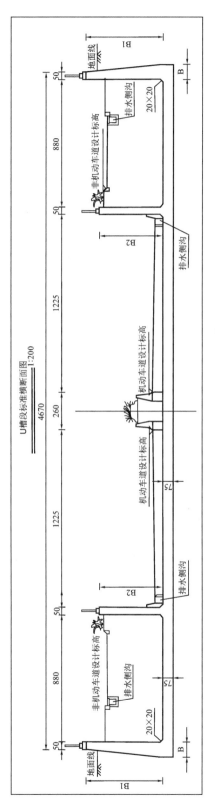

图2-2　U形槽段标准横截面图

行车对数:正常图定列车行车对数共 128 对,其中客车 64 对,班列 9/17 对,货车 55/47 对。

图 2-3　既有铁路现状

(1)陇海铁路下行侧通信光缆 20 芯 1 条,14×4 对称电缆 1 条,铁路上行侧防护网上挂 2 条 24 芯长途通信光缆,地埋电力远动 7×4 对称电缆 1 条,设备管理单位为郑州通信段,如图 2-4 所示。

图 2-4　既有铁路光、电缆设备

(2)陇海铁路上行侧封闭栅栏外地埋 4 条信号电缆,埋深 1.2 m,设备管理单位为郑州电务段。

(3)横跨黄河大街的有 3 条地埋 10 kV 电缆线路,分别为王二电源线 3×240、贯通电源线 3×95、自闭电源线 3×70,设备管理单位为郑州供电段,如图 2-5 所示。

（a）

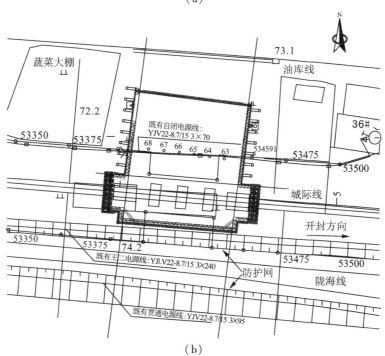

（b）

图 2-5　既有电源线埋设情况

　　（4）接触网。黄河大街下穿陇海铁路采用顶进框架桥,框架涵范围有 080#、081#杆影响,导致改动的接触网支柱有 4 根(编号为 79#、80#、81#、82#)。

　　（5）林木。陇海铁路上下行路基边坡种植有小叶女贞等林木,临近施工时须进行砍伐,须办理砍伐证。

2.1.3　施工依据技术标准

1)陇海铁路技术标准

(1)铁路等级:国铁Ⅰ级;

(2)线路允许速度:160 km/h;

(3)正线数目:双线,线间距 5.29 m;

(4)轨道形式:有砟轨道,混凝土Ⅱ型枕;

(5)轨道标准:1435 mm(轨距)、60 轨;

(6)设计活载:ZK 活载。

2)黄河大街技术标准

(1)黄河大街道路建设标准:城市主干路;

(2)设计车速:主线 50 km/h,匝道 30 km/h;

(3)道路红线宽度:主线 50 m,匝道 15 m;

(4)路面结构类型:沥青混凝土路面;

(5)结构设计年限:100 年;

(6)道路荷载:标准轴载 BZZ-100;

(7)桥梁设计荷载:道路城-A 级;

(8)箱身机动车道净高要求:机动车道≥4.5 m;非机动车道和人行道:≥2.5 m。

2.1.4　项目地质条件

1)工程地形地貌

勘察期间拟建场地沿线地形较为平坦,高程 72.53～73.77 m,最大高差 1.24 m,拟建场地地貌单元属于黄河冲积平原。

2)地层岩性及地质构造

第①-1 层,素填土(Q4m):杂色,褐黄色为主,稍湿,稍密～中密,主要成分为粉土和粉质黏土,含少量建筑垃圾,主要为人工填筑,回填年限 3～5 年,厚 2.1 m。

第②层,粉土(Q4al+pl):褐黄色,稍湿,稍密～中密,摇振反应中等,干强度低,韧性低,砂感强,局部相变为粉砂。含有蜗牛壳碎片,灰色斑块,表层见有植物根系,$f_{a0}=110$ kPa,厚 1.1 m。

第③层,粉土(Q4lpl):褐黄色～褐灰色,稍湿,稍密,摇振反应中等,干强度低,韧性低,黏粒含量高,含蜗牛壳碎片,局部夹薄层灰褐色软塑粉质黏土,$f_{a0}=100$ kPa,厚 2.2 m。

第④层,粉土(Q4l+p):褐黄色～褐灰色,湿,中密,摇振反应中等,干强度低,韧性低,有砂感,含蜗牛壳碎片,局部夹有粉砂及薄层粉质黏土,偶见钙质结核,$f_{a0}=110$ kPa,厚 3.2 m。

第⑤层,粉土(Q4lpl):灰褐色～褐黄色,湿,中密,摇振反应中等,干强度低,韧性低,含有铁质锈斑,夹有细砂及少量粉质黏土,局部相变为细砂,含蜗牛壳碎片,偶见钙质结核,$f_{a0}=150$ kPa,厚 6 m,顶进框架涵涵底位于该层。

3)水文地质

(1)地下水位。勘察期间,拟建场地地下水位在现自然地面下 7.00～12.10 m 左右,稳定水位标高为 60.49～66.30 m 左右。地下水位的变化主要受大气降水入渗及地下侧向径流补给的影响,消耗于蒸发、地下侧向径流排泄及人工地下水开采,随季节变化而变化,受汛期及非汛期河水位的变化影响,地下水位变化较大。从每年的 7 月中旬至 10 月上旬是丰水期,12 月至来年 2 月为枯水期。根据当地气象资料,结合地区经验及场地周边资料,正常情况下上部潜水的年变化幅度在 2.0~3.0 m。

(2)地下水的侵蚀性。综合评价,场地地下水对混凝土结构有微腐蚀性。钢筋混凝土结构中的钢筋在长期浸水条件下有微腐蚀,在干湿交替条件下有微腐蚀。

4)场地不良地质、特殊岩土评价

根据现场勘察,场地内未发现影响工程稳定的危岩、崩塌、采空区和活动断裂等不良地质作用,亦未发现埋藏的河道、沟浜、墓穴、防空洞、孤石等对工程不利的地下埋藏物。

2.2　施工方案编制依据、范围、目的

2.2.1　编制依据

(1)《国铁集团工电部关于加强穿(跨)越铁路营业线和邻近营业线工程方案等审查和施工安全管理的通知》(工电桥房函〔2020〕48 号);

(2)《国铁集团铁路营业线施工管理办法》(铁调〔2021〕160 号);

(3)《铁路营业线施工安全管理办法》(国铁运输监〔2021〕31 号);

(4)《铁路技术管理规程》(普速铁路部分)(TG/01A-2017);

(5)《郑州局集团公司关于公布〈郑州局集团公司铁路营业线施工管理实施细则〉的通知》(郑铁施工〔2021〕190 号);

(6)《郑州局集团公司关于明确普速铁路线路架空、立交顶进施工有关事项》的通知(郑铁建函〔2022〕394 号);

(7)《郑州局集团公司关于强化施工(维修)安全管理的通知》(郑铁安〔2021〕353 号);

(8)《郑州局集团公司关于修订〈郑州局集团公司铁路营业线施工管理实施细则〉部分条款的通知》(郑铁施工〔2022〕96 号);

(9)《郑州局集团公司关于加强移动停车信号牌(灯)管理的通知》(郑电安〔2018〕98 号);

(10)《郑州局集团有限公司关于印发〈郑州局集团有限公司普速铁路防止车辆伤害事故安全管理办法〉的通知》(郑铁安〔2020〕136 号);

(11)《郑州局集团公司〈关于进一步明确施工安全管理相关制度〉的通知》(郑铁安函〔2022〕416 号);

(12)《郑州铁路局关于印发〈郑州铁路局隔离设施管理办法〉的通知》(郑铁工〔2017〕315 号);

(13)《郑州局集团公司关于重新印发〈普速铁路"行车设备检查登记簿""行车设备施工登记簿"使用管理办法〉的通知》(郑铁运〔2020〕276);

(14)《客货共线铁路桥涵工程施工技术规程》(Q/CR 9652—2017);

(15)《铁路桥涵工程施工质量验收标准》(TB 10415—2018);

(16)《铁路桥涵工程施工安全技术规程》(TB 10303—2020);

(17)《铁路路基工程施工质量验收标准》(TB 10414—2018);

(18)《铁路混凝土工程施工质量验收标准》(TB 10424—2018);

（19）《铁路混凝土工程施工技术规程》（Q/CR 9207—2017）；

（20）《铁路轨道工程施工质量验收标准》（TB 10413—2018）；

（21）《铁路轨道工程施工安全技术规程》（TB 10305—2020）；

（22）《沥青路面施工及验收规范》（GB 50092—1996）；

（23）《公路沥青路面施工技术规范》（JTG F40—2004）；

（24）施工现场调查测量资料；

（25）开封市黄河大街南延（魏都路—华夏大道）下穿陇海铁路及油库专用线立交工程施工图。

2.2.2　编制范围

本方案编制的主要范围对应陇海铁路上下行 K503+579.34，顶进下穿 4 孔分离式框架涵（7.5 m+12.5 m+12.5 m+7.5 m）。主要施工为邻近营业线施工及第一次线路架空施工，具体内容包括下穿陇海铁路工程既有铁路设备防护与迁改、D 形便梁架设及拆除、机械钻孔支点桩、机械钻孔防护桩、支点墩、高压旋喷桩止水帷幕、线路恢复与整修、附属工程施工、线路应力放散和回散等，详细介绍具体施工方法对铁路的影响及采取的应对措施。

2.2.3　编制目的

为了指导项目总体施工顺利进行，控制和减少施工现场的行车及人身安全风险，加快施工进度，保证工程质量和施工安全，特编制本专项施工方案。

第3章

施工安排及施工防护

3.1 施工组织安排

施工流程见图 3-1。

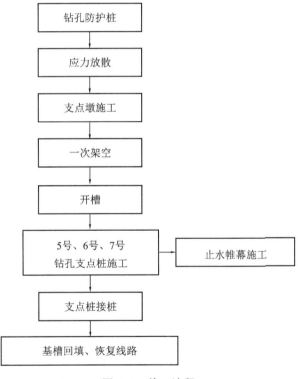

图 3-1 施工流程

3.1.1 总体施工安排及主要阶段工期

架空施工计划安排见表 3-1 。

15

表 3-1 架空施工计划安排

序号	作业内容	完成时间	负责人	劳动力/人	使用设备	备注
1	工务:上、下行邻近安装隔离网、作业门,铺钢板,平整场地。 四电:电务探挖电缆、防护	2024 年6 月 1 日	×××	200	装载机 1 台,60 挖掘机 1 台	
2	工务:下行邻近安装隔离网,铺钢板,平整场地。 四电:电务探挖电缆、防护	2024 年6 月 2 日	×××	200	装载机 1 台,60 挖掘机 1 台	
3	工务:上行 180 min,应力放散,方枕,上行线外侧 4 个临时支墩开挖施工,隔离网迁改。 四电:四电敷设新电缆,探挖电缆,防护	2024 年6 月 3 日	×××	320	小挖机 10 台	
4	工务:下行 120 min,施工外侧 4 个临时支墩防护,隔离网迁改;上行 120 min,方枕、穿横梁,垂直 60 min 内施工线间 4 个支墩防护,线路外侧 4 个支墩防护,做线间 4 个临时支墩钢管防护、挖道砟及开挖。 四电:探挖改移电缆	2024 年6 月 4 日	×××	320	小挖机 10 台	
5	工务:下行 120 min,施工外侧 4 个临时支墩开挖、钢筋;上行 120 min,方枕、穿横梁,垂直 60 min 内施工线间 4 个支墩开挖、钢筋,线路外侧 4 个支墩开挖、钢筋。 四电:探挖改移电缆	2024 年6 月 5 日	×××	320	小挖机 10 台	
6	工务:下行 180 min,应力放散,方枕,下行外侧 4 个支墩浇筑。 四电:探挖改移电缆	2024 年6 月 6 日	×××	200	小挖机 10 台	
7	工务:线路巡养	2024 年6 月 7 日	×××	10		
8	工务:线路巡养	2024 年6 月 8 日	×××	10		
9	工务:线路巡养	2024 年6 月 9 日	×××	10		
10	工务:线路巡养	2024 年6 月 10 日	×××	10		
11	工务:线路巡养	2024 年6 月 11 日	×××	10		
12	工务:下行 120 min,方枕、穿横梁;上行 120 min,方枕、穿横梁,垂直 60 min 内施工线间 4 个支墩浇筑,线路外侧 4 个支墩浇筑	2024 年6 月 12 日	×××	320	小挖机 10 台	

续表 3-1

序号	作业内容	完成时间	负责人	劳动力/人	使用设备	备注
13	工务:下行 180 min,方枕、穿横梁	2024 年 6 月 13 日	×××	200	小挖机 10 台	
14	工务:线路巡养	2024 年 6 月 14 日	×××	10		
15	工务:线路巡养	2024 年 6 月 15 日	×××	10		
16	工务:线路巡养	2024 年 6 月 16 日	×××	10		
17	工务:上行 180 min,安装 2 组 D24 便梁	2024 年 6 月 17 日	×××	20	折臂吊 2 台	接触网停电配合
18	工务:下行 120 min,安装 2 组 D24 便梁;上行 120 min,安装牛腿、夹板,上行电缆割接	2024 年 6 月 18 日	×××	320	小挖机 10 台	接触网停电配合
19	工务:下行 120 min,安装牛腿、夹板,线路巡检;上行 120 min,线路巡检	2024 年 6 月 19 日	×××	320	折臂吊 2 台	
20	工务:下行 180 min,线路巡检,组织进行架空体系验收	2024 年 6 月 20 日	×××	62		
21	工务:5 号和 7 号拉槽施工 四电:电缆防护,检查	2024 年 6 月 21 日	×××	62	喷锚设备 1 套,60 挖掘机 1 台,手扶碾压机	
22	工务:5 号和 7 号拉槽施工 四电:电缆防护,检查	2024 年 6 月 22 日	×××	62	喷锚设备 1 套,60 挖掘机 1 台,手扶碾压机	
23	工务:施工 081#和 082#过渡钻孔桩基础 4 根	2024 年 6 月 23 日	×××	62	喷锚设备 1 套,60 挖掘机 1 台,手扶碾压机	
24	工务:上行 180 min,线路巡检;慢行期间 5 号和 7 号拉槽施工	2024 年 6 月 24 日	×××	62	低机架钻机 4 台	
25	工务:下行 120 min,线路巡检;上行 120 min,线路巡检;慢行期间 5 号和 7 号拉槽施工	2024 年 6 月 25 日	×××	62	喷锚设备 1 套,60 挖掘机 1 台,手扶碾压机	
26	工务:下行 120 min,线路巡检;上行 120 min,立接触网杆;慢行期间 5 号和 7 号支点桩施工	2024 年 6 月 26 日	×××	62	喷锚设备 1 套,60 挖掘机 1 台,手扶碾压机	接触网停电配合

续表 3-1

序号	作业内容	完成时间	负责人	劳动力/人	使用设备	备注
27	工务:下行 180 min,线路巡检,立接触网杆;慢行期间 5 号和 7 号支点桩施工	2024 年 6 月 27 日	×××	42	循环钻	接触网停电配合
28	工务:慢行期间 5 号和 7 号支点桩施工	2024 年 6 月 28 日	×××	42	循环钻	
29	工务:慢行期间 5 号和 7 号支点桩施工	2024 年 6 月 29 日	×××	42	循环钻	
30	工务:慢行期间 5 号和 7 号支点桩施工	2024 年 6 月 30 日	×××	42	循环钻	
31	工务:上行 180 min,线路巡检;慢行期间 5 号和 7 号拉槽施工	2024 年 7 月 1 日	×××	100	25 t 汽车吊 1 台,循环钻	
32	工务:下行 120 min,接触网导接;上行 120 min,接触网导接;慢行期间 5 号和 7 号支点桩接桩	2024 年 7 月 2 日	×××	100	25 t 汽车吊 1 台,地泵	接触网停电配合
33	工务:下行 120 min,线路巡检;上行 120 min,线路巡检;慢行期间 5 号和 7 号基槽回填	2024 年 7 月 3 日	×××	100	地泵	
34	工务:下行 180 min,线路巡检;慢行期间 5 号和 7 号基槽回填	2024 年 7 月 4 日	×××	100	喷锚设备 1 套,60 挖掘机 1 台,手扶碾压机,4 台装载机	
35	工务:慢行期间 5 号和 7 号基槽回填	2024 年 7 月 5 日	×××	100	喷锚设备 1 套,60 挖掘机 1 台,手扶碾压机,4 台装载机	
36	工务:慢行期间 5 号和 7 号基槽回填	2024 年 7 月 6 日	×××	100	4 台装载机,手扶碾压机,循环钻	
37	工务:慢行期间 5 号和 7 号基槽回填	2024 年 7 月 7 日	×××	100	4 台装载机,手扶碾压机,循环钻	

续表 3-1

序号	作业内容	完成时间	负责人	劳动力/人	使用设备	备注
38	工务:上行 180 min,回填 5 号和 7 号道砟、捣固	2024 年 7 月 8 日	×××	100	4 台装载机,手扶碾压机,循环钻	
39	工务:上行 120 min,回填 5 号和 7 号道砟、捣固;下行 120 min,回填 5 号和 7 号道砟、捣固	2024 年 7 月 9 日	×××	100	4 台装载机,循环钻	
40	工务:上行 120 min,拆除纵梁牛腿及夹板;下行 120 min,拆除纵梁牛腿及夹板	2024 年 7 月 10 日	×××	200	4 台装载机,循环钻	
41	工务:下行 180 min,拆 2 组 D24 便梁	2024 年 7 月 11 日	×××	200	4 台装载机,地泵	接触网停电配合
42	工务:上行 180 min,拆 2 组 D24 便梁	2024 年 7 月 15 日	×××	200	4 台装载机,手扶碾压机	接触网停电配合
43	工务:阶梯提速,45 km/h	2024 年 7 月 16 日				
44	工务:阶梯提速,60 km/h	2024 年 7 月 17 日				
45	工务:阶梯提速,80 km/h	2024 年 7 月 18 日				
46	工务:阶梯提速,120 km/h,160 km/h	2024 年 7 月 19 日				
47	工务:6 号基槽架空及拆除	2024 年 9 月 21 日至 10 月 10 日	×××	200		

邻近施工计划安排见表 3-2。

表 3-2　邻近施工计划安排

编号	日期	作业条件	施工内容	备注
1	2024 年 6 月 1 日至 12 月 30 日	邻近	防护桩、南北两侧高压旋喷桩(封闭网外)、桥涵附属、U 形槽施工、抗浮桩	
2	2024 年 6 月 1 日至 6 月 30 日	Ⅲ级	079#、080#接触网桩基础、拉线基础人工挖孔桩	

3.1.2 主要工程数量

主要工程数量见表 3-3。

表 3-3 主要工程数量

序号	名称	单位	数量	备注
1	第一次架空	双线米	73.5	双线 6 组 D24
2	钻孔防护桩	m	770	$\Phi 1.5$,间距 1.8,长 22,35 根
3	钻孔支点桩	m	176	$\Phi 1.5$,长 22,8 根
4	钻孔支点桩	m	88	$\Phi 1.8$,长 27,4 根
5	支点墩	m^3	84	$2\times2\times1$,21 个
6	抗浮桩	m	288	$\Phi 0.8$,长 16,18 根
7	基槽开挖、回填	m^3	3600	
8	高压旋喷桩止水帷幕	m	7815	$\Phi 0.6$,长 15,咬合 20 cm
9	U 形槽混凝土	m^3	2255	
10	路面铺装	m^3	2136	
11	应力放散(回散)	股道	2(2)	
12	硬隔离	m	180	

3.1.3 项目组织机构

项目组织机构见图 3-2。

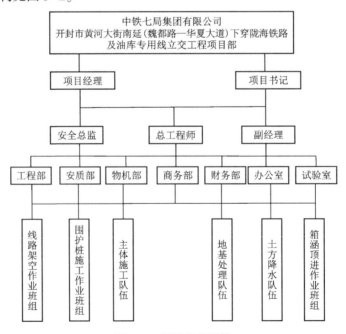

图 3-2 项目组织机构

项目组织机构中,各职能人员分工如下:

1)项目经理

(1)负责施工现场的组织指挥工作。

(2)负责协调解决施工中发生的问题,协调各单位施工作业,把控施工进度,反馈现场信息,及时向施工协调小组汇报施工情况。

(3)负责总结分析施工组织、进度和安全等情况,对施工现场的安全负责。

(4)负责项目质量计划的全面实施,按照质量方针、质量目标和合同约定,使项目工程质量满足需要。

2)总工程师

(1)负责编制项目的施工组织设计、施工技术方案、质量计划、材料计划并报公司审定和项目的实施。

(2)负责办理工程变更和签证、竣工交验和固资转移工作;负责验工计价工作,参与概预算、可控成本预算的编制和对外清算工作。

(3)负责本项目的全面质量管理、创优规划和合理化建议工作。

3)安全总监

(1)严格执行国家安全生产的方针、政策、各种规章制度及各项标准,代表企业对施工生产安全行使监督检查职能,具体指导安全员工作。

(2)熟悉安全技术操作规程和掌握安全防护标准,负责起草安全生产制度、安全生产责任制度、安全检查制度和安全教育制度并督促项目贯彻实施,主持编制本项目的环境与职业健康安全方案,并审核安全员编制的安全防护方案。

(3)组织项目安全领导小组开展旬(周)例行安全生产大检查,督促做好安全检查记录,督促整改并实施安全惩奖。

(4)督促安全员每天进行项目安全巡查,制止违章指挥和违章作业,遇有严重险情的有权通知暂停生产,并立即报告上级领导妥善处理,做好安全生产日记。

4)安质部部长

(1)认真贯彻执行国家、地方、铁路部门等的安全法规和安全条例,认真执行建设单位和项目部各项有关加强安全管理工作的规定和要求。

(2)接受上级专职安质人员的业务检查与指导。进行施工安全巡视,发现不安全行为坚决制止,发现重大安全隐患要立即报告,并做好安全记录。

(3)制止违章作业,参加相关事故的调查、分析,并保护好事发现场。

5)物机部部长

(1)保证要点所需材料和机具数量充足、齐全、到位。

(2)备好应急材料,保证质量合格,存放明显,随用随到。

(3)负责组织对机具设备的维修保养,保证机具设备处于正常使用状态。

6)施工员

(1)协助施工负责人做好要点施工过程中的组织分工工作,根据现场施工工程量的大小、劳力情况对工程进行合理分工。

(2)负责施工要点工作、组织落实、安全质量、正点目标及有关技术标准、作业标准在工地的施行。

7)驻站联络员

(1)在车站信号楼负责施工联系、登记、销点等有关事宜。

(2)在车站登记的施工内容必须与施工计划相符,正确、齐全,不准涂改。

(3)应与车站值班员紧密沟通,准确掌握行车室内行车情况、现场负责人及作业班组分布情况,及时了解车站值班员办理区间闭塞或接到邻站发车,办理本站发车前、开车后等手续以及临时变更情况;确认后,立即向工地防护员发出预报,确报或变更通知。联系中断(连续呼叫3次未应答)时,应立即用手机通知现场负责人,要求所有人员停止施工,退出施工现场,直至联络恢复正常方可继续施工。

(4)必须坚守岗位,如因事离开,则停止本次作业。

(5)施工完毕后,现场施工负责人认定施工完全具备开通条件后,方可办理销点手续。

(6)施工期间须配备足够的通信工具和录音笔,保证驻站员与现场联系畅通与记录准确,并及时向车站值班员汇报施工进度及施工情况。

(7)要按规定填写《上道作业列车防护登记簿》,登记清楚列车通过时间,并随身携带录音笔对上道作业防护联控全过程进行录音。录音资料保存期限为3个月,防护登记簿作业记录保存期限为1年,防护登记簿、录音笔、音像记录仪均以车站行车室时钟为准,时间精确到分钟。

8)防护员

(1)在收到驻站联络员发出的列车预报、确报后,要立即通知作业负责人,同时应加强警戒,监视来车。

(2)在任何情况下,如施工地点的避车工作尚未做好而列车邻近时,应立即向列车显示停车手信号,使列车停车。

(3)防护用通信设备必须妥善保管,经常检查试用,保证在使用时性能良好。

(4)与驻站联络员通话时,必须严格执行复诵制度,防止错听,及时记录通话内容,并且保持3~5 min通话一次。

(5)人员确定后不得临时调换,如不能履行职责应停止本次作业。

(6)与驻站联络员失去联系时,应立即要求所有施工人员下道。直至与驻站联络员重新取得联系为止。

(7)随身佩戴音像记录仪,对进出网、跨越线路、下道避车等环节和联控过程进行录音录像,音像资料保存期限为7天。

3.2 施工资源安排

3.2.1 机具材料进场安排

项目部根据工程的需要准备各种机具材料见表3-4,根据工程进度情况及时安排进场,以保证施工正常进行。机具及材料均采用汽车运输的方式进场。线路架空材料及顶进设备根据架空时间提前5天进场。

表 3-4　主要机具材料数量

序号	名称	规格型号	单位	数量	备注
1	D24 便梁		组	6	
2	钢轨	P50	m	550	
3	木枕	$L = 3.2$ m	根	40	

注：L 为长度。

3.2.2　机械进场安排

机械主要依据施工需要确定进场时间和数量，见表 3-5。进场前报监理单位进行验收，验收合格方可使用，不需要时及时清退。

表 3-5　主要机械数量

序号	名称	规格型号	单位	数量	备注
1	履带式挖掘机	PC220	台	1	挖土
2	履带式挖掘机	PC60	台	2	架空
3	轮胎式装载机	ZL150C	台	1	架空
4	小型循环钻机		台	2	支点桩
5	自卸汽车		辆	4	土方
6	折臂吊	H6680	台	2	架设纵梁
7	汽车吊	25 t	台	1	吊装
8	高压旋喷桩机		台	3	地基处理、止水帷幕
9	长臂挖掘机		台	2	
10	循环钻机		台	4	防护桩
11	摊铺机		台	2	路面铺装
12	压路机		台	4	路面铺装
13	顶管机		台	1	套管顶进

3.2.3　劳动力安排

由于工程工期紧、设备多，安排业务技术能力强的队伍和良好的设备投入本工程施工，管理人员（施工负责人、技术负责人、驻站联络员、防护员等）须持有营业线施工的培训合格证，其他作业人员必须经项目部安全培训并考试合格后挂牌上岗。驻站联络员、防护员一经派定后不得任意调换。特种作业人员还须有经过考试合格的特种作业证，具体安排如表 3-6所示。

表 3-6 施工队伍配置及施工任务划分

序号	施工队伍安排	施工任务划分	人数	备注
1	围护施工班	钻孔桩、高压旋喷桩止水帷幕施工	35	
2	架空顶进队	负责陇海铁路架空及箱涵顶进及配套工程施工	250	
3	地基处理班组	负责本项目高压旋喷桩施工	20	
4	结构施工班组	负责接桩、冠梁等施工	30	
5	土方开挖降水施工班	土方开挖、降水	15	
	合计		350	

3.3 施工防护

3.3.1 施工等级划分

线路架空施工[22]按营业线Ⅲ级、慢行 45 km/h 施工办理;防护桩、U 形槽、路面铺装按邻近营业线施工办理。施工前须与设备管理单位签订施工安全协议。具体施工项目与施工等级划分见表 3-7。

表 3-7 营业线施工等级划分

序号	施工项目	施工等级	到安全限界距离/m	行车条件
1	钻孔防护桩、高压旋喷桩	邻近营业线	2.3~30	
2	应力放散(回散)	营业线Ⅲ级		慢行+封锁
3	边墩	营业线Ⅲ级		慢行+封锁
4	线间墩	营业线Ⅲ级		慢行+封锁
5	线路架空	营业线Ⅲ级		慢行+封锁
6	基槽开挖	营业线Ⅲ级		慢行
7	支点桩、高压旋喷桩(线路下方)	营业线Ⅲ级		慢行
8	基槽回填	营业线Ⅲ级		慢行
9	线路恢复与整修	营业线Ⅲ级		慢行+封锁
10	附属工程	邻近营业线	1.6~30	
11	U 形槽	邻近营业线	1.6~30	
12	路面铺装	邻近营业线		

3.3.2　营业线施工流程

（1）根据设计文件、设备情况和现场调查情况，编制营业线施工专项方案，并报公司、监理单位、设计单位、各设备管理单位、郑州南站工程建设指挥部（以下简称"郑南指"）和住建部通过。

（2）与行车组织单位、设备管理单位的安全协议签订完成。现场确定封闭网入口位置，办理作业门使用手续。

（3）提前一个月将施工计划报郑南指预审，再报郑州铁路局建设管理处审核，经审批后，由专职人员录入施工调度 5.1 系统，并于每月 10 日左右到现场办理会签手续。

（4）增补计划 1 于每月 15 日至 20 日上报，增加次月施工内容；增补计划 2 于每月 1 日至 4 日上报，增加本月施工内容。

（5）接到施工命令后，在开始施工前召开施工协调会、施工预备会、施工方案制订会及布置会等。

①施工协调会：会议可在当日 9：00—12：00 召开。会议内容为，各工程项目相关负责人、相关部门主管及相关技术人员对工程项目进展情况进行汇报，讨论项目存在的问题及解决方案，制订下一阶段工作计划、安排等。旨在汇总各方意见，解决项目中存在的问题，明确工作任务，提出解决方案，确保工程项目按时按质完成。

②施工预备会：施工日计划下达后，当日 18：00 前召开，施工时间为次日 16：00 以后的，也可在次日 10：00 前召开。施工协调小组组织，组长（副组长）主持，协调小组成员和施工主体、配合单位施工负责人参加。由施工协调小组组长（副组长）通报施工日计划，施工主体单位施工负责人汇报初步施工方案、施工准备情况等，听取各单位的意见或建议，协调解决施工问题。

③施工方案制订会：施工预备会结束后即可组织召开，由施工主体单位组织，施工负责人必须亲自主持，安全、技术、带班人员参加。根据施工日计划和施工预备会上各单位提出的意见或建议制订施工日方案、行车组织方案、人身安全方案。施工负责人必须亲自编制方案、制作 PPT。

④施工方案布置会：施工开始前不少于 2 h 召开，由施工主体单位组织，施工负责人主持（施工方案布置会可与制订会一并召开）。

⑤路外单位施工日生产会：由路外施工主体单位组织，施工负责人亲自主持，路外施工主体单位、安全单位、技术单位、监理单位、设备管理单位监督人员参加。首日开工前要先召开一次，此后每日召开。

⑥日总结会：施工结束后，施工协调小组组织，组长（副组长）主持，协调小组成员和施工主体、配合单位负责人必须参加。通报当日施工组织情况和存在问题，安排后续整改措施。

（6）参与项目施工的所有管理人员、防护员、驻站联络员等都必须经营业线施工安全培训合格后上岗。

（7）对参与施工的务工人员进行施工技术和安全技术知识培训，考试合格后方可上岗，特种作业人员须持证上岗。

（8）施工前再次请设备管理单位人员现场查看，确认施工区域内有无地下管线，严禁盲目动用机械施工。

（9）加强劳务协作者管理，所有施工作业期间必须由甲方正式员工带班作业。

（10）施工过程中,进度、效益与安全相矛盾时,坚持安全第一。

营业线施工作业流程、邻近营业线施工作业流程分别见图3-3、图3-4。

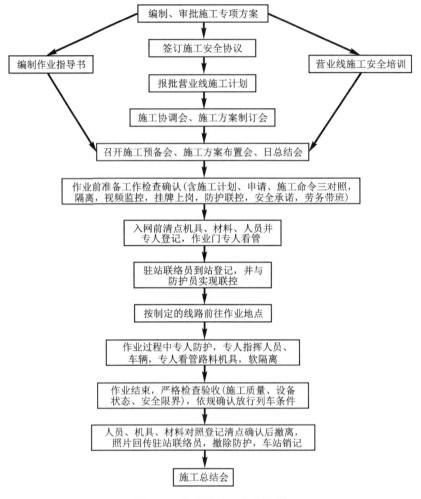

图3-3　营业线施工作业流程

3.3.3　施工要点轮廓计划

详见附录3。

3.3.4　营业线防护办法

1）施工要点及防护原则

（1）为确保铁路行车安全及施工安全,必须精心组织、合理安排、统一指挥。要点施工均要按《普速铁路工务安全规则》[23]的要求设置防护。

（2）驻站联络员和防护员安排施工经验丰富、身体素质好、责任心强、经过培训且考试合格取得上岗证的职工担任。在车站运转室派驻站联络员,施工地点设专职安全防护人员,各防护人员配备方便可靠的通信、信号工具,施工地点两侧按规定要求设置各种信号标志。驻站联络员需参加车站组织的STC设备培训,并签订"驻站联络员已掌握STC设备操作提示"的回执单。

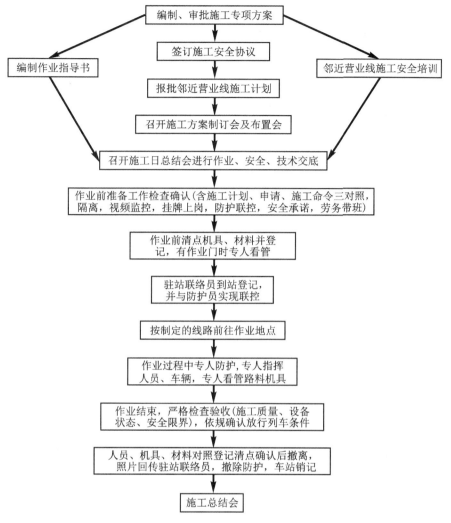

图 3-4 邻近营业线施工作业流程

（3）严格落实施工作业"三清点、一确认"制度。所有上道作业实行"三清点"：入网前、下道后、出网前要对工机具、材料、人员进行清点。"一确认"：作业完毕，施工负责人对设备状态、工机具清理、人员撤离、防护撤除等进行检查，确认开通条件，并将照片传递给驻站联络员，驻站联络员确认后方可销记。

（4）严格落实"三对照"制度，严格执行调令命令的收、发、核、转等关键环节，做到施工计划、申请、施工命令"三对照"。坚持一人拟令、一人把关，对受令处和命令内容逐项审查确认，按规定程序核对、传达调度命令，确保天窗时间、影响范围、监控数据和相关技术资料与调度命令一致。

2）防护人员职责

（1）现场防护员

在收到驻站联络员发出的列车预报、确报后，要立即通知施工负责人，同时应加强警戒，监视来车。在任何情况下，如施工地点有影响行车安全的紧急情况而有列车邻近时，防护员应立即向列车显示停车手信号，拦停列车。防护用通信设备必须妥善保管，经常检查试用，保证使用时性能良好。与驻站联络员通话时,必须严格执行复诵制度,防止错听,并及时记录通话内容。现场检查线路有没有侵限料具。

在上道和转移作业地点前,现场防护员必须与驻站联络员确认无来车信息,联系中断时不得上道,并立即报告施工负责人。发现危及安全时,防护员应果断拦停列车或通知值班员(调度员)扣停列车。

远端防护员与现场防护员要加强联系,必须不间断地瞭望获取来车信息,发现来车后及时通知现场防护员。

(2)驻站联络员

到运转室负责施工联系、登记、销记等有关事宜。及时了解车站值班员办理区间闭塞或接到邻站发车及办理本站发车前、开车后等手续以及临时变更情况,确认后,立即向工地防护员发出预报、确报或变更通知。施工完毕后,驻站联络员得到现场施工负责人认定施工完毕具备开通条件的指令后,方可办理销点手续。施工期间须配备足够的通信工具,保证驻站联络员与现场联系畅通,并及时向车站值班员汇报施工进度及施工情况。

与现场防护员联系不上时,应立即报告车站值班员;在列车邻站开出(通过)前仍联系不上现场防护员时,应通知车站值班员扣停列车。驻站联络员必须在得到施工负责人现场作业人员全部撤离工地的通知后方能离开行车室。

3)登销记及防护措施

(1)要点登记

本项目施工的登记、销记地点为开封火车站运转室。施工要点前,驻站联络员提前到岗,与车站值班员取得联系,经车站值班员同意,在"运统-46"施工登记簿登记,并经车站值班员签字确认。登记需提前 60 min 完成。

(2)施工防护

驻站联络员应按照批准的要点方案请求要点,由车站值班员向调度员请求施工命令,施工命令下达,经车站值班员确认后,驻站联络员确认起止时间,用对讲机通知施工负责人,施工负责人确认后下达施工命令。

(3)现场防护

防护员应着装整齐、备品齐全,站在规定位置选择瞭望条件较好的地点进行防护,并做好自身防护。

4)封闭网作业门设置

根据郑州铁路局关于印发《郑州铁路局普速铁路防护栅栏管理实施细则》(郑铁工〔2014〕308 号)文件的要求,施工需要设置临时作业口,须提前 10 天凭铁路局批准的施工文件,做出"设置作业门(临时作业口)申请表",经设备管理单位(郑州桥工段)同意并签字,报设备管理部门和综治办批准后方可设置,同时还要与设备管理单位签订《作业门使用安全协议》并报属地铁路公安部门备案。

作业门(见图 3-5)开口 2 处,线路两侧对称开口。作业门分别设在陇海上下行线外对应里程 K503+578,施工期间派专人对临时作业口进行不间断看守,严禁闲杂人员进入作业口,上行天窗时从西侧作业门进出,下行天窗时从东侧作业门进出。

工程完工后,防护设施管理、维修单位和所属铁路公安机关对开口处恢复情况进行检查验收,办理交接手续。

图 3-5 封闭作业门

项目部委派责任心强的职工对临时作业口进行 24 h 看守,并在临时作业口处两端悬挂警示牌(40 m×60 m),内容包括使用单位、安全责任人、出入规定、使用期限。由于看守不严而造成后果的,由申请临时作业口的单位承担责任。作业门必须加锁,钥匙要按照"谁使用,谁负责"的原则进行管理。

5)防护信号设备

防护信号设备见表 3-8。

表 3-8 防护信号设备

序号	名称	单位	数量
1	作业标	个	2
2	停车信号	个	4
3	减速信号牌	个	4
4	减速地点标	个	4
5	双面信号灯	盏	4
6	无线对讲机	个	6
7	号角	个	6
8	红色信号旗	套	6
9	黄色信号旗	套	6
10	短路铜线	条	6
11	防护帽、服装、臂章	套	6

第4章

主要施工组织方案

4.1 施工工艺流程

本项目施工工艺流程如下:

设置硬隔离→应力放散→接触网及电缆迁改→支点墩施工→第一次架空→开槽→支点桩施工→回填基槽、线路恢复→拆除架空。

本项目的施工工艺流程经过科学规划与精细组织,旨在确保施工安全、质量可控且高效推进。以下为各环节的详细说明:

1)设置硬隔离

施工初期,首先在作业区域外围设置硬隔离设施,通常采用高强度围挡、防护栅栏或混凝土隔离墩,以明确施工边界并防止无关人员与设备进入。硬隔离的安装须符合市政工程安全标准,同时设置警示标志与夜间反光标识,确保全天候可视性。此外,须对隔离区域进行地基加固,避免因地面沉降导致围挡倾斜而影响周边交通或建筑安全。

2)应力放散

在既有结构(如桥梁、轨道或管线)周边施工前,需通过应力放散技术释放原有结构内部积聚的应力。具体操作包括:利用液压千斤顶逐步顶升结构部件,配合传感器实时监测应力变化,或在关键节点安装伸缩缝调节装置,避免施工振动或荷载变化引起结构变形。此阶段需与结构工程师紧密协作,制订动态调整方案,确保放散过程平稳可控。

3)接触网及电缆迁改

针对施工现场涉及的电力接触网及地下电缆,需制订专项迁改方案。首先,通过地下管线探测仪精确定位电缆走向,并采用非开挖技术(如顶管或水平定向钻)进行临时迁移。接触网的迁改须在断电条件下进行,作业前须向电力部门申请停电许可,并配备应急发电设备保障关键设备运行。迁改完成后,须进行绝缘测试与通电试验,确保线路功能正常。

4)支点墩施工

支点墩作为临时支撑体系的核心,其施工质量直接影响后续架空作业的安全性。施工时,首先进行地质勘探,确认墩基持力层承载力是否符合设计要求。采用旋挖钻机成孔,灌注 C30 混凝土桩基,桩顶预埋钢板与墩身钢筋笼焊接。墩身浇筑完成后,需进行垂直度校准与荷载试验,确保单墩承载力不小于设计值的 1.2 倍。此外,墩体表面需涂刷防腐涂层,以应对露天环境下的耐久性要求。

5）第一次架空

在支点墩验收合格后，进行首次架空作业。作业中使用大型龙门吊或液压顶推设备，将预制钢梁或贝雷架逐段吊装至支点墩顶部，并通过高强螺栓连接成整体桁架。架空过程中须实时监测桁架挠度与支点应力，利用可调支座进行微调，确保桁架水平度误差小于 3 mm。同时，在桁架下方铺设防坠网，防止工具或材料掉落引发安全事故。

6）开槽施工

架空结构稳定后，进行地面开槽作业。采用挖掘机配合人工清底的方式，按设计图纸开挖基槽。开挖深度超过 3 m 时，需设置阶梯式边坡或钢板桩支护，防止槽壁坍塌。对于地下水位较高的区域，须同步实施井点降水，确保槽底干燥。开挖出的土方及时外运至指定堆场，并覆盖防尘网，以减少扬尘污染。

7）支点桩施工

基槽验收合格后，进行永久性支点桩施工。根据地质条件选择桩型：软土地基采用 PHC 预应力管桩，通过静压法沉桩，岩层区域则选用钻孔灌注桩，嵌入中风化岩层不少于 2 m。沉桩过程中需严格控制垂直度偏差（≤1%），并记录每根桩的贯入度与锤击数。桩顶标高通过水准仪精准控制，预留 50 cm 高度用于后续承台施工。

8）回填基槽与线路恢复

支点桩施工完成后，分层回填基槽。回填材料优先选用级配砂石，每层厚度不超过 30 cm，采用振动压路机碾压密实，压实度须达到 95% 以上。回填至设计标高后，恢复原有线路设施：铁路工程需重新铺设道砟、轨枕与钢轨，并通过轨道精调设备将轨距误差控制在 1 mm 内；道路工程则需摊铺沥青混凝土，采用红外线测温仪控制摊铺温度，确保路面平整度。

9）拆除架空结构

线路恢复并通过验收后，逐步拆除临时架空体系。拆除顺序遵循"先装后拆"原则，使用切割设备分段解除钢梁连接，吊装至运输车辆运离现场。拆除过程中需设置临时支撑，避免结构失稳。最后，清理现场建筑垃圾，修复因施工损坏的绿化带或路面，恢复周边环境原貌。

4.2　硬隔离及作业门设置

1）硬隔离设置

天窗施工前在陇海铁路上下行侧分别设立硬隔离，采用钢管立柱形式，立杆间距 2.0 m，入地埋深 0.6 m，露出地面 1.8 m，安装牢固，并设置临时作业门。

在天窗点内对铁路两侧既有封闭网进行拆除，在拆除前的铁路封闭网处各增设一道临时封闭网，如图 4-1 所示。硬隔离采用场制 1.2 m 高绿色隔离网片，立柱长 1.5 m，间距 2.0 m。立柱采用 0.3 m×0.3 m×0.3 m 混凝土基础加固。栏杆应顺线路方向设置，不侵入限界。临时封闭网和施工封闭网间可施工封锁点以外的工作。

安装纵梁时，进行单线封锁（V 形天窗）时，在两线间设置软隔离。软隔离采用人工拉防护绳的形式，立柱地面以上 0.3 m，间距 5.0 m，采用直径 6.0 mm 黄色尼龙绳，绳上每隔 2.0 m 系一条彩带。

软隔离设施设置范围为施工范围两侧各加 3.0 m，施工期间每天由现场专职安全员进行检查，确保隔离设施的安全性、牢固性，并做好记录。

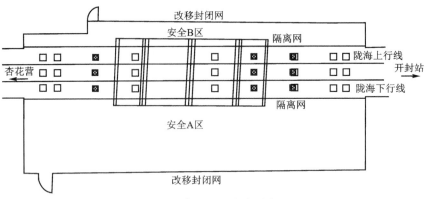

图 4-1　点外作业安全避车区

2)作业门设置

同上文封闭作业门设置。

4.3　"四电"防护、迁改及接触网过渡施工

"四电"防护、迁改及接触网过渡施工详见《黄河大街下穿陇海铁路营业线(含邻近)"四电"迁改专项施工方案》。所有硬隔离及防护桩作业前,按照设备管理单位迁改防护要求,做好既有电缆的探挖和防护工作。

4.4　防护桩施工

防护桩采用机械钻孔,设计桩长 22 m,直径 1.5 m,详见桩位图 4-2。

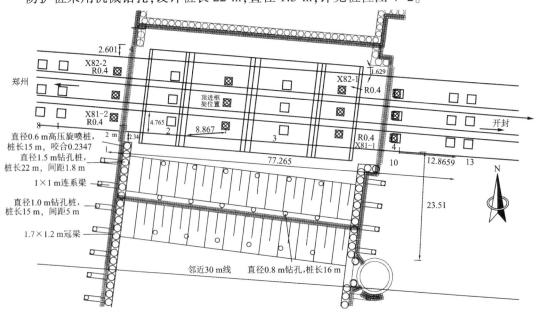

图 4-2　防护桩桩位图

1）施工流程

防护桩施工流程见图 4-3。

2）施工准备

（1）施工前与铁路设备管理单位签订安全协议，上报邻近营业线施工计划。砍伐林木前与郑州房建公寓段签订安全协议。

（2）施工现场平整场地，通电通水，铲除松软的土层并夯实，设置桩位护桩。孔口安装提升设备，布置好出渣道路，合理堆放材料和机具，使其不增加孔壁压力，不影响施工。

3）钻机就位及埋设护筒

（1）钻机就位前，应对钻孔各项准备工作进行检查。钻机安装后的底座和顶端应平稳，在钻进中不应产生位移或沉陷。就位完毕，作业班组对钻机就位进行自检。

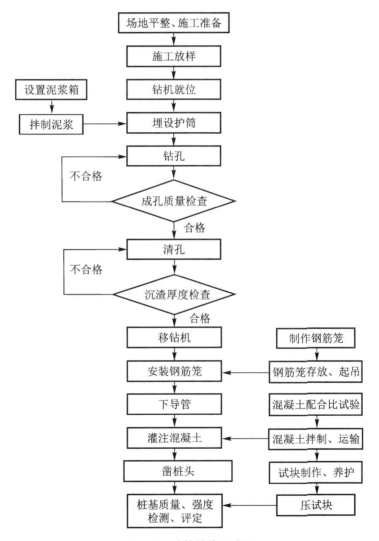

图 4-3　防护桩施工流程

（2）护筒为钢护筒，采用 6~10 mm 厚的钢板制作，内径 150 cm，长 2 m。

（3）埋设护筒：先放出桩位点，过桩位中心点拉十字线在护筒外 80~100 cm 处设控制

33

桩,将钻头对准桩位钻至 1 m 左右,再用钻头侧壁上的边刀扩至护筒外径尺寸,然后用钻机上的副卷扬将护筒吊放进孔内,用水平尺和吊线锤校验护筒垂直度,最后将钢护筒压到预定位置,即护筒顶面高出施工地面 0.2~0.3 m,底部深入稳定土质不小于 0.5 m。

(4)埋设护筒后,用测量仪器复核桩位,调整桅杆垂直度、锁定桅杆高度和循环钻机原始角度,以便在甩土旋转后自动对中复位。

(5)埋设好护筒后,就护筒顶面中心与桩位偏差(不得大于 5 cm)、倾斜度(不得大于1%)等项目及时向监理工程师报检,经确认符合要求后,进行下道工序。

4)钻孔

钻机作业简图见图 4-4。

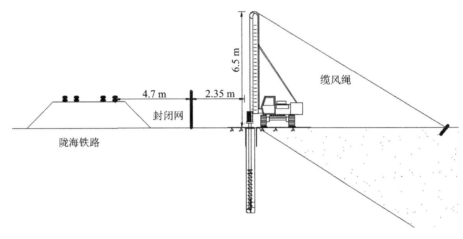

图 4-4　钻机作业简图

(1)开始钻进时,适当控制进尺,待钻头全部进入地层后,方可加快钻进速度。钻进过程中泥浆相对密度不大于 1.1,黏度 17~20 Pa·s,含砂率<2%。当遇见砂土层和软土层时,应减慢钻进速度并适当增加泥浆相对密度和黏度。

(2)随着钻进深度的增加及时补充泥浆,保持孔内水头压力,防止塌孔。在钻进过程中,经常检查钻杆垂直度,防止出现斜孔;经常检查泥浆的各项指标,同时注意观察地层的变化,在其变化处应捞取渣样,判断地质的类型,与设计提供的地质剖面图相对照,并做详细记录,钻渣样应编号保存,以便分析备查。

(3)在钻孔排渣、提钻头除土或因故停钻时,应保持孔内具有规定的水位和要求的泥浆相对密度和黏度。处理孔内事故或因故停钻,必须将钻头提出孔外。

(4)钻孔作业保持连续进行,不得中断。

5)终孔检查

钻孔完成后,对孔深、孔径、孔位和孔形等进行自检,检查合格后由质检工程师报监理工程师进行终孔检查。检孔时采用钢筋笼式简易检孔器、100 m 测绳和测锤或监理工程师指定的检孔器。简易笼式检孔器用 φ8、φ16 钢筋制作,长度为设计孔径的 4 倍,外径等于设计孔径。使用检孔器进行检查时,吊车将检孔器吊平稳,下放,如能顺利下放至孔底,则孔径符合设计要求;如不能,一般需在卡笼位置用掏砂斗进行扩孔,直到检孔器能够顺利下放为止。

6）钢筋笼骨架的安装

（1）桩位距封闭网14 m内加工长度不得超过6 m,大于14 m可加工成12 m,钢筋笼加工完成后用平板运输车运至施工现场,然后用汽车吊吊装入孔。

（2）钢筋笼吊装前,要向监理工程师报检,经检查,确认钢筋种类及材质、钢筋数量、长度及布置间距、接头位置及数量、焊接形式及焊接质量、焊缝长度、保护层厚度、钢筋笼垂直度等均符合设计和规范要求后,方可进行吊装入孔施工。

（3）骨架安装采用汽车吊,为保证骨架不变形,采用多点吊。

（4）骨架入孔时应慢慢下放,严禁摆动碰撞孔壁。在下放过程中,在孔口将加强箍筋内的临时固定筋去掉,以防导管下放时受阻。

（5）每节(除最后一节)钢筋笼骨架下入孔内后用钢管临时支撑于护筒口,再起吊下一节骨架,使上下两节骨架位于同一直线上进行焊接,焊接时应先焊顺桥方向的接头,最后一个接头焊好后,缠绕绑扎接头部分的箍筋。箍筋焊好后,全部接头部分就可以下沉入孔,直至所有骨架安装完毕。为防止钢筋骨架在浇筑混凝土时上浮,在钢筋笼上端对称设置两个吊环加以固定,防止钢筋骨架的倾斜、移动和上浮。

（6）钢筋笼吊装到位后,经监理工程师确认钢筋笼长度及垂直度、平面位置偏差、底面高程偏差等项目符合设计及规范要求后,方可进行下一道工序的施工。钢筋笼吊装时,入孔要准确、定位牢固,平面位置偏差不大于20 mm,底面高程偏差不大于±50 mm。

7）导管安装

（1）钢筋下到位后,再次测量泥浆相对密度、含砂率、稠度及孔深,当以上指标均达到要求时,便可下导管。

（2）导管采用内径为30 cm的钢导管,内壁光滑、圆顺,内径一致,接口严密。导管按自下而上顺序编号和标示尺度。在使用前和使用一个时期后,除应对其规格、质量和拼装构造进行认真检查外,还需做拼装、过球、水密等试验。

（3）导管组装后轴线偏差应不超过10 cm。

（4）导管长度由孔深和工作平台高度决定。漏斗底距钻孔上口,大于一节中间导管长度。导管接头采用螺旋螺纹连接,并设防松装置。

（5）导管位于钻孔中央,在浇筑混凝土前,进行升降试验。导管吊装升降设备能力与全部导管充满混凝土后的总重量和摩阻力相适应,并有一定的安全储备。

（6）导管安装后,其底部距孔底有250~400 mm的空间。

（7）在导管的材质、长度及密水性符合规范要求,经监理工程师认可后,方能进行水下混凝土的灌筑。

8）灌筑水下混凝土

（1）浇筑水下混凝土前,检查沉渣厚度,摩擦桩沉渣超过100 mm时,则利用导管进行二次清孔。清孔完成,并经监理工程师确认后,立即浇筑水下混凝土。

（2）计算和控制首批封底混凝土数量,确保首批混凝土灌下后能把泥浆从导管中排出,并能把导管下口埋入混凝土深不小于1 m。

（3）混凝土采用罐车运输配合导管灌筑。在灌筑过程中,导管的埋置深度应控制在2~6 m,同时应经常测探孔内混凝土面的位置,即时调整导管埋深。

（4）混凝土灌筑过程中,应严格控制水灰比、灌筑数量,以防止导管进水。

（5）箭球、拔栓或开阀,将首批混凝土灌入孔底后,立即测探孔内混凝土面高度,计算出导管内埋置深度。如符合要求,即可正常灌筑;如发现导管内大量进水,表明出现灌筑事故。

(6)灌筑开始后,应紧凑连续地进行,严禁中途停工。在灌筑过程中,应防止混凝土拌合物从漏斗顶溢出或从漏斗外掉入孔底,使泥浆内含有水泥而变稠凝结,致使测探不准确。灌筑过程中,应注意观察管内混凝土下降和孔内水位升降情况,及时测量孔内混凝土面高度,正确指挥导管的提升和拆除。

(7)导管提升时应保持轴线竖直和位置居中,逐步提升。如导管挂钢筋骨架,可转动导管,使其脱开钢筋骨架后,再移到钻孔中心。

(8)当导管提升到法兰接头露孔口以上有一定高度,可拆除1节或2节导管(视每节导管长度和工作平台距孔口高度而定)。此时,暂停灌筑,先取走漏斗,重新系牢井口的导管,并挂上升降设备,然后松动导管的接头螺栓或快速接头,同时将起吊导管用的吊钩挂上待拆的导管上端的吊环,待螺栓全部拆除或快速接头拆除后,吊起待拆的导管,徐徐放在地上,然后将漏斗重新插入井口的导管内,校正好位置,继续灌筑。

(9)拆除导管动作要快,时间一般不宜超过15 min,要防止螺栓、橡胶垫和工具等掉入孔中;要注意安全;已拆下的管节要立即清洗干净,堆放整齐。

(10)在灌筑过程中,当导管内混凝土不满、含有空气时,后续混凝土要徐徐灌入,不可整斗地灌入漏斗和导管,以免在导管内形成高压气囊,挤出管节间的橡皮垫,而使导管漏水。

(11)当混凝土面升到钢筋骨架下端时,为防钢筋骨架被混凝土顶托上升,可采取以下措施:

①尽量缩短混凝土总的灌筑时间,防止顶层混凝土进入钢筋骨架时混凝土的流动性过小。

②当混凝土面接近和初进入钢筋骨架时,应使导管底口处于钢筋笼底口3 m以下和1 m以上处,并慢慢灌筑混凝土,以减小混凝土从导管底口出来后向上的冲击力。

③在孔内混凝土进入钢筋骨架4~5 m以后,适当提升导管,减小导管埋置长度,以增加骨架在导管口以下的埋置深度,从而增加混凝土对钢筋骨架的握裹力。

(12)为确保桩顶质量,在桩顶设计标高以上应加灌100 cm。

(13)混凝土灌筑到接近设计标高时,要计算还需要的混凝土数量(计算时应将导管、罐车内的混凝土数量估计在内),通知拌和站按需拌制,以免造成浪费。

(14)在灌筑将近结束时,由于导管内混凝土柱高减小,超压力降低,而导管外的泥浆及所含渣土稠度增加,相对密度增大,在这种情况下易出现混凝土顶升困难,可在孔内加水稀释泥浆,并掏出部分沉淀土,使灌筑工作顺利进行。在拔出最后一段长导管时,拔管速度要慢,以防止桩顶沉淀的泥浆挤入导管下形成泥心。

(15)有关混凝土灌筑情况[24],如各灌筑时间、混凝土面的深度、导管埋深、导管拆除以及发生的异常现象等,应指定专人进行记录。

9)高压旋喷桩施工

防护桩后有2排高压旋喷桩止水帷幕,直径0.6 m,桩长15 m,咬合0.2 m。距离安全限界18 m范围内采用高机架钻机施工,钻机高度17 m;距离安全限界18 m范围内采用低机架钻机施工,钻机高度4 m。

(1)工艺流程

采用单管旋喷法,工艺流程为:施工准备→测量定位→机具就位→钻孔至设计标高→旋喷开始→提升旋喷注浆→旋喷结束成桩(见图4-5)。

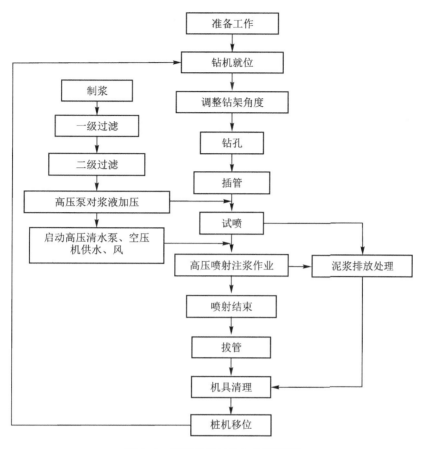

图4-5 高压旋喷桩施工工艺流程

（2）施工方法

①场地平整。先进行场地平整,清除桩位处地上、地下的一切障碍物,场地低洼处用黏性土料回填夯实,并做好排浆沟。

②测量定位。首先采用全站仪,根据高压旋喷桩的里程桩号放出试验区域的控制桩,然后使用钢卷尺和麻线,根据桩距传递放出旋喷桩的桩位位置,用小竹签做好标记,并撒白灰标识,确保桩机准确就位。

③机具就位。人力缓慢移动至指定桩位,由专人指挥,用水平尺和定位测锤校准桩机,使桩机水平,导向架和钻杆应与地面垂直,倾斜率小于1.5%。对不符合垂直度要求的钻杆进行调整,直到钻杆的垂直度达到要求。将钻头对准孔位中心,同时整平钻机,放置平稳、水平,钻杆的垂直度偏差不大于1%~1.5%。为了保证桩位准确,必须使用定位卡,桩位对中误差不大于5 cm。就位后,首先进行低压(0.5 MPa)射水试验,用以检查喷嘴是否畅通,压力是否正常。

④钻孔、插管。采用单管旋喷法施工。该方法中插管与钻孔两道工序合二为一,即钻孔完成时插管作业同时完成。

当第一阶段贯入土中时,借助喷射管本身的喷射或振动贯入。其过程为:启动钻机,同时开启高压泥浆泵低压输送水泥浆液,使钻杆沿导向架振动、射流成孔下沉,直到桩底设计标高,观察工作电流不应大于额定值。

在插管过程中,为防止泥砂堵塞喷嘴,可用较小压力(0.5～1.0 MPa)边下管边射水,至设计标高后停止钻进。

⑤浆液配置。桩机移位时,即开始按设计确定的配合比拌制水泥浆。高压旋喷桩的浆液,采用普通硅酸盐水泥,水泥浆液配制严格按设计要求控制为水泥含量为30%(质量比)。

搅拌灰浆时,首先将水加入桶中,再将水泥倒入,开动搅拌机搅拌10～20 min,浆液在灰浆拌和机中要不断搅拌,直到喷浆。

喷浆时,拧开搅拌桶底部阀门,放入第一道筛网(孔径为0.8 mm),过滤后流入浆液池,然后通过泥浆泵抽进第二道过滤网(孔径为0.8 mm),第二次过滤后流入浆液桶中。水泥浆通过胶管送到旋转振动钻机的喷管内,最后射出。

⑥喷射注浆。在插入旋喷管前先检查高压设备和管路系统,设备的压力和排量必须满足设计要求。各部位密封圈必须良好,各通道和喷嘴内不得有杂物,并做高压水射水试验,合格后方可喷射浆液。

旋喷作业系统的各项工艺参数都必须按照预先设定的要求加以控制,并随时做好关于旋喷时间、用浆量、冒浆情况、压力变化等的记录。

喷浆管下沉到达设计深度后,停止钻进,旋转不停,喷射时,高压泥浆泵压力增大到施工设计值(20～40 MPa),坐底喷浆30 s后,边喷浆,边旋转,水泥浆与桩端土充分搅拌后,再边喷浆边反向匀速旋转提升注浆管,提升速度为260 mm/min,直至距桩顶1 m时,放慢搅拌速度和提升速度。

中间发生故障时,应停止提升和旋喷,以防桩体中断,同时立即检查排除故障,重新开始喷射注浆的孔段与前段搭接不小于1 m,以防止固结体脱节。

⑦桩头部分处理。当旋喷管提升接近桩顶时,应从桩顶以下1.0 m处开始,慢速提升旋喷,旋喷数秒,再向上慢速提升0.5 m,直至桩顶停浆面。

⑧冲洗。喷射施工完成后,应用清水把注浆管等机具设备冲洗干净,防止凝固堵塞。管内、机内不得残存水泥浆。

向浆液罐中注入适量清水,开启高压泵,清洗全部管路中残存的水泥浆,直至基本干净,并将黏附在喷浆管头上的土清洗干净。

⑨重复以上操作,进行下一根桩的施工。

⑩补浆。喷射注浆作业完成后,由于浆液的析水作用,一般均有不同程度的收缩,使固结体顶部出现凹穴,要及时用水灰比为1.0的水泥浆补灌。

(3)施工注意事项

①正式开工前应认真做好工艺性试桩工作,确定合理的施工技术参数和浆液配比。

②施工前,要求检查旋喷管的高压水与空气喷射情况,各部位密封圈是否封闭,合格后方可喷射浆液。

③制作浆液时,水灰比要按设计严格控制,不得随意改变。在旋喷过程中,应防止泥浆沉淀、浓度降低,不得使用受潮或过期的水泥。浆液搅拌完毕送至吸浆桶时,应有筛网进行过滤,过滤筛孔以小于喷嘴直径1/2为宜。

④喷射时,应先达到预定的喷射压力、喷浆量后再逐渐提升注浆管。中间发生故障时,应停止提升和旋喷,以防桩体中断,同时立即进行检查排除故障;如因机械出现故障中断旋喷,应钻至桩底设计标高后重新进行旋喷。

⑤旋喷过程中,冒浆量小于注浆量的20%为正常现象,当超过20%或完全不冒浆时应查

明原因,调整旋喷参数或改变喷嘴直径。

⑥钻杆旋转和提升必须连续,拆卸接长钻杆或继续旋喷时要保持钻杆有 10~20 cm 的搭接长度,避免出现断桩。

10)冠梁施工

围护结构桩顶设置钢筋混凝土冠梁,与桩顶连接成整体,截面尺寸为:直径 1.5 m,钻孔桩顶冠梁 1700 mm×1200 mm;冠梁施工中提前预埋挡土墙竖向钢筋,挡土墙钢筋为 φ20@150 均匀布置,挡土墙高度高出原地面 50 cm;混凝土支撑在基坑开挖过程中进行,截面尺寸为:800 mm×1000 mm。

具体施工工艺流程如图 4-6 所示。

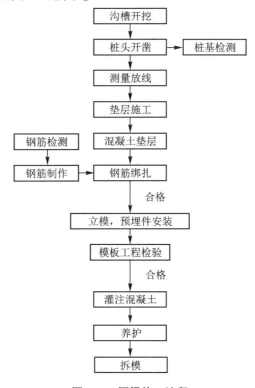

图 4-6　冠梁施工流程

(1)沟槽开挖

①冠梁土方开挖应分段进行,开挖一段支护一段。沟槽开挖首先开挖内侧土体,然后开挖钢筋笼上方土体,开挖时应将钢筋笼上方土体轻轻剥落,再将土体倒运至地面,应注意钢筋笼钢筋不被破坏。钢筋笼上方土体清理完毕后将围护桩内侧底面和边坡再次清理干净。冠梁底标高以上 15~30 cm 采用人工开挖。

②在开挖的过程中要放坡开挖,开挖放坡坡度为 1:0.75。

③土方开挖前应提前对周边建筑物、管线等埋设监测点位并测取稳定的初始值,土方开挖过程中按照监控量测方案进行基坑及周边环境监测。

④开挖完成后使用拉土车将挖出的土体运出,并及时清理现场。经现场技术员检查验收合格后方可退场。

⑤混凝土支撑沟槽应做到先开挖、后浇筑。

（2）桩顶整平

①桩头破除时,桩顶设计标高50 cm以上采用小型机具破除,50 cm以内采用小型机具和人工(用风镐)相结合的方式凿除。

②按要求对桩体进行检测。

③调直桩顶钢筋,清除桩顶钢筋上的浮锈、污渍和桩顶上的灰尘。

④用气泵把开凿面吹喷干净,经质检员验收后方可绑扎钢筋。

（3）测量放样

根据施工图及现场导线控制点,用全站仪测定结构轮廓线、轴线及高程,并打入木桩或钢筋,作为立模及钢筋绑扎的依据。

（4）基底施工

将开槽后区域的场地夯实,作为冠梁、混凝土支撑底模。

（5）钢筋加工及绑扎

①钢筋加工:采用常规绑扎钢筋施工。钢筋在加工棚地集中加工,加工前应对钢筋进行检验,合格后才能使用。严格按设计图纸进行钢筋加工,加工好的钢筋按规格、长度、编号堆放整齐,并注意防雨防锈。钢筋采用机械连接或焊接方式连接。钢筋加工允许偏差见表4-1。

表4-1 钢筋加工允许偏差

项目		允许偏差
调查后局部弯曲		$d/4$
受力钢筋顺长度方向全尺寸/mm		±10
弯起成型钢筋	弯起点位置/mm	±10
	弯起高度/mm	0 -10
	弯起角度/(°)	2
	钢筋宽度/mm	±10
箍筋宽和高/mm		+5 -10

注:d为钢筋直径。

②钢筋安装:先安装骨架筋,再安装框架筋,最后安装箍筋。施工中必须确保钢筋定位准确,在钢筋绑扎前先在底模弹上底层钢筋的定位线,并依据定位线进行钢筋的绑扎。板撑钢筋、挡土墙应与冠梁钢筋同时绑扎,且钢筋锚入按设计要求。钢筋绑扎位置允许偏差见表4-2,冠梁配筋大样图见图4-7。

表 4-2　钢筋绑扎位置允许偏差

检验项目		允许偏差/mm
箍筋间距		+10
主筋间距	列间距	+10
	层间距	+5
钢筋弯起点位移		+10
受力钢筋保护层		+5
同一截面内拉钢筋接头面积占钢筋总截面积百分比	焊接	不大于50%
	机械连接	

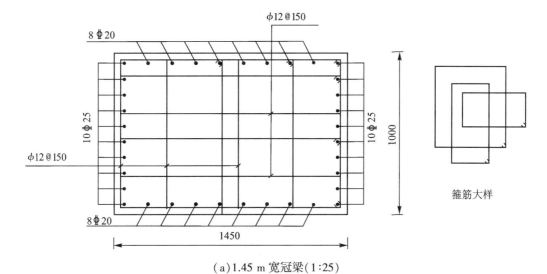

（a）1.45 m 宽冠梁（1:25）

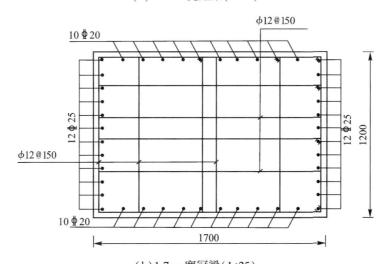

（b）1.7 m 宽冠梁（1:25）

图 4-7　冠梁配筋大样图

（6）模板安装

①根据放样点位,弹出立模线。

②模板在安装前需清理干净,并涂抹脱模剂,在涂抹时不得沾污钢筋。

③冠梁侧模采用竹胶板,横向背楞采用 6 cm×6 cm 方木,第一道设在冠梁底以上 20 cm 处,第二道设在冠梁底以上 60 cm 处。竖向背楞使用 φ48 钢管,间距 60 cm。模板固定用扣件和螺杆连接,螺栓一端焊接在围护桩钢筋上固定,螺栓竖向设置两道,间距 40 cm,横向间距 60 cm。保证保护层厚度 45 mm,模板用 φ48 钢管斜撑撑住,用水平尺或线锤精确校正模板的垂直度,旋紧螺杆上的螺母。模板由一端向另一端安装,模板的接缝用胶带纸封闭,在浇筑混凝土前,模板应浇水湿润。

④挡墙侧模采用 2.44 m×1.22 m×1.60 cm 竹胶板,安装方向:2.44 m 为横向,1.22 m 为纵向。横向背楞采用 6 cm×6 cm 方木,第一道设在挡墙底部,按照 40 cm 间距依次设置。竖向背楞使用 φ48 钢管,间距 60 cm。模板内侧设置内撑钢筋保证挡土墙尺寸,外侧设置钢管斜撑固定。

⑤混凝土支撑施工采用木模板。横向背楞采用 6 cm×6 cm 方木,竖向共设置 3 道,平均布置。竖向背楞使用 φ48 钢管,间距 60 cm,竖向共设置 3 道对拉螺纹拉紧。保护层厚度 30 mm,侧面模板用 φ48 钢管斜撑撑住,用水平尺或线锤精确校正模板的垂直度,旋紧螺杆上的螺母。模板由一端向另一端安装,模板的接缝用胶带纸封闭,在浇筑混凝土前,模板应浇水湿润,见图 4-8。

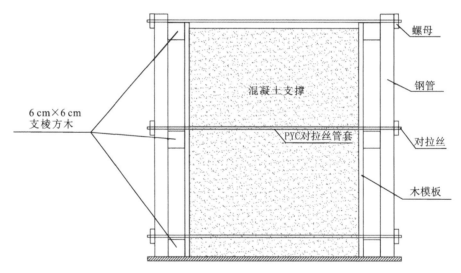

图 4-8　混凝土支撑模板示意图

⑥模板制作及安装的允许偏差应符合表 4-3 的规定。

表 4-3　模板制作及安装允许偏差

项目	允许偏差/mm	检验仪具
轴线位置	5	全站仪、钢尺
截面内部尺寸	+4,-5	钢尺
相邻两板表面高低差	2	钢尺
表面平整度	5	钢尺或塞尺

模板安装完毕,经自检合格后,报监理验收。

（7）混凝土施工

冠梁、混凝土支撑和挡墙均采用 C30 混凝土。浇筑混凝土前,对模板、钢筋、预埋件进行检查,模板内的杂物、积水和钢筋上的污垢应清理干净。混凝土浇筑前检查混凝土的拌和质量,混凝土采用罐车运输,泵送入模。混凝土分层浇筑分层振捣,每层浇筑厚度为 30 cm。在每层混凝土浇筑过程中,随着混凝土的灌入,及时采用插入式振捣棒振捣。振捣棒振动时移动间距不超过振动棒作用半径的 1.5 倍。振捣过程中,振动棒与模板保持 5~10 cm 的距离,并避免碰撞钢筋及钢板预埋件,不得直接或间接地通过钢筋施加振动。振捣上层混凝土,振捣棒应插入下层混凝土内 5~10 cm。每一处振捣完毕后,应徐徐提出振捣棒。

（8）混凝土养护

①施工期间要加强测温工作,控制混凝土的内部温度与表面温度之差以及表面温度与环境温度之差,均不超过 25 ℃。

②每次施工前应根据天气预报提前安排,尽量避免出现雨天施工的情况。

③小雨中浇筑混凝土应有条不紊地进行,做好施工伸缩缝,杜绝紧张仓促而忘记处理施工缝的情况发生。

④中雨、大雨的情况严禁施工,若无法避免应适当降低混凝土坍落度。

⑤养护时间不得少于 7 天。

（9）拆模

①混凝土达到规定强度后,方可进行模板拆除,拆除模板时,需按程序进行,禁止用大锤敲击,防止混凝土面出现裂纹。

②应在浇筑完毕的 7 天以内对混凝土加以覆盖并保湿养护。

4.5　人工挖孔桩施工

本项目人工挖孔桩共计 4 根（见图 4-9）,为 079#、080#接触网及其拉线基础临时迁改后的基础桩基,接触网基础桩长 7 m、桩径 1.25 m,拉线基础桩基长 4 m,桩径 1.25 m。挖孔方式为人工挖孔,采用快干混凝土护壁施作。人工挖孔桩计划作业人员 5 组。

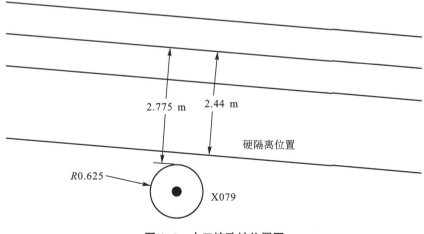

图 4-9　人工挖孔桩位置图

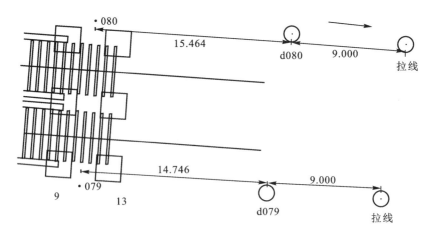

续图 4-9

人工挖孔桩内侧距离线路中心 2.775 m,在建筑限界处设置 0.9 m 高硬隔离,在外侧进行人工挖孔桩施工。人工挖孔桩采用钢护筒锁口,长度 0.8 m,露出地面 0.4 m。

挖孔桩施工程序为:测量放样→场地平整→地面围护→开挖第一节桩孔土方→立模浇筑第一节护壁→测标高及桩位十字轴线→设置垂直运输架及相关设备→开挖第二节土方→清理孔壁、校核桩位→立模浇筑第二节护壁→循环至设计标高→清理桩底虚土→加工钢筋笼→安装预埋件(核对位置和标高)→安置串筒→浇筑桩身混凝土。

1)施工工艺流程

施工工艺流程如图 4-10 所示。

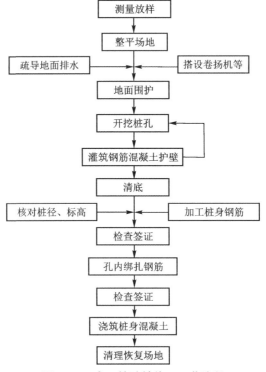

图 4-10　人工挖孔桩施工工艺流程

2) 挖孔桩施工

（1）施工准备

①施工前与铁路设备管理单位签订安全协议，提前上报营业线施工计划，按照批复的施工计划施工并按要求设置防护。

②孔口用筐子覆盖，安装提升设备，布置好出渣道路，合理堆放材料和机具，使其不增加孔壁压力、不影响施工。

③挖孔前对线路路基进行挡板防护。挖孔桩采用人力施工；挖孔桩作业暂停时，孔口采用钢筋网片筐子罩盖，上方做好压盖。孔内采取有效的通风措施，夜间施工的设照明防护，雨天禁止开挖并采取防护措施，防止雨水灌入孔内。

（2）现场施工

①施工测量：根据桩位平面布置图定出挖孔桩的十字线，放出桩位。

②平整施工场地：开挖前，将桩基周围的道碴、浮土及一切影响安全的物品清除干净，桩孔的四周做好临时防护，防止道床滑塌和道碴落入桩孔。

③安装提升设备：根据施工需要，采用电动葫芦作提升设备，设备严禁侵入铁路安全限界，设备高度不超过 2 m。设备与线路平行且为固定式支架（每次施工前安排专人对支架进行检查）；安装提升设备时，首先考虑出土方便灵活、拆卸容易，还要注意吊斗容量与起重能力的匹配。人员上下设绳梯与安全绳。安装提升设备时注意不要让设备影响架空体系。

④布置出土的道路：每台挖孔设备配备 4 名工人配合出土，出土工人利用木质扁担进行抬土作业，出土临时堆放在路基以外不影响行车的地方，最后用有全覆盖篷布的汽车集中运往指定的弃土场地。

⑤挖孔：挖孔桩采用人工挖孔，15 cm 厚 C30 快干水泥钢筋混凝土护壁，混凝土按照试验室提供的配合比现场进行拌制。

根据放样的桩位垂直开挖出土，在开挖每节时，将下口四周挖成内高外低的斜面，便于灌筑下节护壁混凝土。由于施工范围内土质大部分为粉土，为保证施工安全，每节开挖深度不应超过 1.0 m，及时灌筑护壁混凝土，如此反复循环，直至开挖至设计深度。

⑥终孔检查：开挖桩孔达到设计标高后进行终孔检查，检查内容包括桩孔轴线、孔底标高、孔深、桩孔的垂直度和基底平整度等。当以上内容符合设计要求后，即可安装钢筋笼。

⑦钢筋安装：挖孔桩的箍筋和纵向主筋分段进入孔内。挖孔桩主筋按照 2 m 长提前进行下料，将主筋、箍筋放入孔内，主筋和箍筋交点在孔内用扎丝进行绑扎，主筋接头采用直螺纹套筒连接。机械连接的技术要求如下：

a.受弯构件接头不应大于 50%，轴心受压构件不得大于 25%。

b.钢筋接头的加工保持丝头端面的基本平整，消除螺纹间隙，减少接头拉伸后的残余变形。

c.安装保证钢筋丝头在套筒中央位置相互顶紧。

⑧预埋件安装：按照立柱要求埋设 8 根地脚螺栓，按图纸要求控制好地脚螺栓外露长度。

⑨混凝土浇筑：由于本工程混凝土采用自拌混凝土，使用混凝土地泵输送。自拌混凝土标号为 C40，以快速达到设计强度。浇筑过程中加强人工振捣。桩基混凝土施工完毕后对桩基质量进行检测，质量不合格不得进行下道工序施工。浇筑完毕后孔口覆盖钢筋网片封

口防护,并设置警示带,夜间增加照明设施,防止巡检人员跌落。

4.6 第一次线路架空

支点桩开挖时为保持线路稳定,采用 D24 便梁架空,便梁支点采用 2 m×2 m×1 m 混凝土支墩。

D24 便梁施工工艺流程:支墩施工→方枕→横抬梁穿设捣固道床→纵梁安装→横抬梁与纵梁连接。

1)施工准备

(1)按规定办理要点施工手续,现场安装视频监控、列车接近预警系统,召开方案会。

(2)提前将架空所需要的横抬梁、牛腿、扣件、机具、木枕、钢轨等材料运至现场待用,同时备好备品,以确保线路架空期间的行车安全。

(3)准备好安全防护设备,安排好防护人员,驻站联络员清楚每天的车站登记任务,防护员要持证上岗。

(4)对进场道路及吊车站位区域进行平整压实,保证其承载能力达到要求。

(5)将起吊纵梁范围内的光、电缆设备采用木枕围裹防护,接触网支柱采用捆绑方木进行防护。

(6)吊装前进行试吊,重新确认吊车的吊装能力和设备状态,对钢丝绳、吊具、索具进行检查,确保所有机具设备均处于正常工作状态。

(7)项目主要管理人员及所有防护员、驻站联络员必须经铁路营业线施工安全培训,并经考试合格后持证上岗。

(8)提前办理设置临时作业口和拆除封闭网的手续。

2)应力放散、回散

(1)应力放散、回散委托郑州桥工段施工。在架空顶进前对施工区段内无缝线路进行应力放散,施工完毕后进行回散(具体时间以铁路局施工命令为准)。

(2)施工前签订要与郑州桥工段线路应力放散的协议,明确甲乙双方的职责,施工单位负责提供立交桥架空顶进的期限,并负责线路架空期间的线路巡养、整修,人员、机具进出巡养时必须在作业门处登记,防护人员现场防护,并做到"三清点一确认"。

(3)按当时气温与郑州桥工段协商确定锁定轨温进行应力放散,应力放散后的线路锁定轨温要满足线路架空顶进施工的要求。线路架空顶进结束后,郑州桥工段负责对无缝线路进行回(放)散,恢复线路的正常状态。

(4)放散期间,项目部按规定设置防护人员,在两线间设置软隔离,作业人员不得跨越隔离,以确保邻线来车的人员安全。

(5)每股道放散长度为 200 m,放散锁定轨温 45 ℃,施工完毕后回散锁定轨温 25 ℃,线路开通后仍按 45 km/h 慢行。

(6)无缝线路放散(回散)质量要求如下:

①无缝线路放散地段温度根据季节进行控制,与设备管理单位共同确定轨温。

②尼龙底座位置处于混凝土枕挡肩中央误差不超过±5 mm,离缝不超过 1 mm。

③更换整正扣件、失效胶垫和尼龙座。

④拨正方向,改正轨距 0~2 mm,轨距变化率不大于 1 ‰。

⑤整修线路,高低、水平方向不超 4 mm。

⑥不焊连时接头必须上接头螺栓,螺栓扭矩不小于 1000 N·m。

⑦轨枕扣件达到"全"(各部分零件齐全)、"正"(各部分零件位置正确)、"靠"(挡板密贴钢轨边、挡板座靠轨枕挡肩)、"润"(涂长效油脂),扣件螺帽拧不上时,必须用套丝扳套丝后再上螺帽。

⑧弹条三点接触并处在居中位置,扭力矩达到 80~150 N·m。

⑨合拢口接头打磨平顺:高低错牙不超 0.5 mm。

⑩方正轨枕:焊缝距枕边不小于 40 mm。

(7)应力放散、回散后,由施工单位负责养护和整修。

(8)施工程序:现场调查→施工准备→线路封锁→安装回流线→拆除扣件→切除放散量→拉伸钢轨、位移观测→锁定线路→撤除封锁→开通线路。

①施工条件。应力放散计划要点两次,每次要点 120 min,分别对陇海铁路上、下行线进行无缝线路应力放散,同时进行钢轨焊接施工,点毕开通封锁线路。无缝线路应力放散前,需搭设回流线,回流线采用两横一纵方式。给点后,方可进行作业。

②人员组织和分工:

扣件组:在施工负责人的指挥下,每 8 人为一组,负责 50 m 钢轨扣件、地锚拉杆的松紧,轨下支垫钢管,大胶垫的铲、整及用锤敲振钢轨,涂油工作。

撞轨组:由一名工(班)长带领,每 8 人为一组,负责将撞轨器搬运到指定位置并进行撞轨作业,拆除影响撞轨地段的障碍物。

锯轨组:进行焊轨或因特殊情况临时插入钢轨时负责锯轨、钻眼;抢险急救插入短轨负责锯轨、钻眼。

拢口组:负责在拢口的配合作业,包括焊轨、配轨的配合工作,拉伸前负责拆除影响拉伸机作业的障碍物。负责将拉伸机运送到拢口位置并负责钢轨的拉伸工作。同时,负责切割钢轨及拉伸机的技术指导工作。

焊轨组:为保证施工地段行车安全,放散地段应在封锁点内进行切口、焊轨作业;如果遇到特殊情况,施工负责人确认施工点内无法焊轨时,则在合适的时间再进行对接头焊接。

防护组:防护员随时报告邻线列车运行情况,负责施工中两端的安全防护工作。

应急处置组:要在施工现场准备一根 6 m 长两头带眼的 P60 kg 钢轨。在施工前按要求把钢轨锯好、钻好眼,并在施工中随时准备急救工作。当撞轨器或拉伸机卡死在钢轨上,无法安全下道时,应立刻通知施工负责人,锯轨组迅速到达该地段,利用氧气、乙炔采取应急措施:用氧气、乙炔将夹具烧断,下道;锯轨并插入短轨头,钻眼后联结线路。

3)技术组织措施

(1)应力放散的方法:此次放散,依据行车情况,采取撞轨、振轨、拉伸共同进行放散或应力调整施工,同时在封锁点内结合钢轨焊联,恢复轨道线路无缝化。

(2)应力放散的方向:根据现场的客观实际条件决定。

(3)应力放散的作业程序。点前作业程序如下:

①施工人员在点前 60 min 把施工工具全部运到施工现场,工地防护人员携带防护用品到达防护地点,驻站联络员提前 1 h 到车站联系要点。

②技术负责人复核放散量、拉伸量、锯后短轨及有关作业数据,布置观测点(每 100 m 1 个)。

③扣件组(8 人)、锯轨组(4 人)、拢口组(8 人)成员按自己的分工到达指定位置,检查工具。

④撞轨组按当天施工示意图指定的地点将撞轨器散布到位,做好封锁撞轨准备。

⑤拢口组在施工负责人的指挥下做好切口、换轨及钢轨拉伸的准备工作。

⑥各组人员在指定位置做好封锁点前的施工准备工作。

线路封锁中的作业程序如下:

①驻站联络员登记要点,封锁点下达后及时通知施工负责人,施工负责人按给点要求发布封锁线路施工的命令,封锁线路,通知设好防护;防护人员设好防护后通知施工人员开始施工。

②拢口组进行松接头、切口、换轨及准备钢轨拉伸的工作。

③扣件组在各段施工负责人的指挥下,依次由拢口始端向放散终端松动钢轨扣件,把扣件拿下,放到安全的地方,防止丢失。钢轨扣件按要求松完后,每隔10块枕木在轨底放弹条或支滚筒,同时用铲把胶垫与轨底分离,用锤子敲振钢轨,以配合拉伸钢轨。敲轨时一定要用两个锤相对进行振轨,防止轨向偏差较大;当一股钢轨放散完毕后,迅速上紧扣件,轨枕扣件"隔二上一"后,转入另一股钢轨上;放散地段由施工所在地段的车间负责涂油。

④技术负责人和分段负责人检查扣件松动情况,观测各测点钢轨放散情况,达到理论放散量后再停止撞轨,撤掉拉伸设备。

⑤在封锁点内、切口处同时进行焊轨,焊轨组按标准作业进行焊联;如果遇到特殊情况,施工负责人确定施工点内无法焊轨时,拢口两端钻孔打眼,上好夹板或鼓包夹板,拧紧接头螺栓,然后才能开通线路放行列车。

⑥扣件组人员整正胶垫、尼龙座、弹条、挡板,上紧所有扣件并进行扣件涂油。

⑦技术负责人记录各观测点钢轨放散量、轨温及当时天气情况。

封锁后慢行的作业程序:

①封锁施工完毕前做好开通准备,上紧扣件,由施工负责人进行全面检查,达到放行列车条件时由施工负责人正点发布开通线路,并发布点后慢行命令,达不到开通条件时严禁开通线路。

②所在线路工区负责全面回检线路的几何尺寸,发现问题及时整修。

③清点工具、材料,做到工完料尽。

④线路车间负责施工当日更新各防爬观测桩的钢轨标记。

(4)技术要求如下:

①要求参加施工的各车间针对各自施工地点条件、人员分工和材料机具落实等实际情况,做出相应的放散施工细化措施。

②当天应力放散地段,要力争做到放散彻底、均匀,锁定轨温准确,放散资料齐全。

③扣件松紧顺序为:由拢口始端向放散终端松动扣件,复紧时与其相反。

④扣件松动的标准为:扣件全部松掉,把扣件放到安全地方防止丢失,枕下支弹条或滚筒。

⑤松动扣件时,各分段要有人随时检查,查看有无漏松、超松现象,以免产生应力集中。

⑥拧紧扣件时,轨枕扣件达到"全"(各部分零件齐全)、"正"(各部分零件位置正确)、"靠"(挡板密贴钢轨边、挡板座靠轨枕挡肩)、"润"(涂长效油脂)、"紧"(弹条三点接触),若扣件螺帽拧不上,必须用套丝板套丝后再上螺帽。

⑦弹条要达到"三点接触",合格率控制在100%。

⑧放散基本完毕后,所在线路工区负责全面回检线路的几何尺寸,确保轨距(+1,−1)、轨距变化率不超过0.5‰的作业标准,保证施工质量良好,施工地段的防护网恢复原状。

⑨防爬观测标记,待线路全部锁定后,按新位置重新标记。

⑩如果拢口合龙后需要上夹板进行锁定,螺栓扭矩不得小于1100 kN·m。如果条件允

许,可在当日封锁点内在长轨条扣件全部复紧后进行焊接。

钢轨拉伸时,拉伸的长度要超出预计放散出的长度,边拉伸边撞击钢轨,伸缩量达到计算值后迅速上紧拢口前 50 m 长轨扣件。焊接时,焊接接头平顺度用 1 m 直尺测量,作用边矢度不大于 0 ~ +0.2 mm,顶面矢度不大于 0 ~ +0.2 mm,轨底(焊筋)矢度不大于 0 ~ +0.5 mm。

4)方枕、穿设横抬梁

横抬梁先按照 D24+D24+D24 的形式进行穿设,在开槽施工支点桩的同时把需要架空地段的横抬梁都进行穿设并穿设完毕。方枕、穿设横抬梁现场图见图 4-11。

图 4-11 方枕、穿设横抬梁现场图

方正枕木需要在封锁点内施工,计划 2 个班组 1 个点施工 2 处,点起按规定设置现场防护,并在两线间设置软隔离,施工过程中作业人员不得跨越软隔离。

根据技术提供的便梁中心向两端在钢轨画记号,枕木间距 670 mm,按画好的记号进行方正,方正一根穿设一根横抬梁,回填捣固一根。

点起利用 2 台 P60 小挖掘机从两端向中间对线间和外侧的道砟进行开挖,开挖长度不宜过长,同时人工清理枕木间的道砟、方正枕木,具备穿设横抬梁时,小挖掘回头配合人工进行穿设横抬梁,穿设过程中安排专人负责在钢轨底和横抬梁顶尖安装垫木及绝缘橡胶垫,防止联电。

封锁点结束前 30 min 挖掘机停止穿梁,集中上砟,人工捣固,点闭前已穿设横抬梁的地段必须捣固到位,枕木头用袋装道砟堆放防护,确保道床稳定和行车安全,施工负责人和设备管理单位必须联合确认线路安全状况,才可销记开通线路。

5)支点墩施工

利用应力放散天窗点对陇海线支点墩进行开挖,共计施工 1、2、3、4、8、9 排支点墩。其中线间支点墩 4 个,外侧支点墩 8 个,支点均采用 2 m×2 m×1 m 的混凝土墩,支点墩采用 P60 挖掘机将道砟开挖完成。

为保证开挖临时支墩基坑安全,在施工线路外侧支点墩前,利用 4 台 P60 挖掘机同时作业,先对道砟进行挡砟板防护,挡砟板为固定木模板结构。为固定挡砟板,需将临时支墩线路侧道砟装袋堆码,留出挡砟板施工位置,然后在路床安装木模挡砟板。人工配合机械进行基坑开挖,开挖深度 50 cm,挖出的土采用袋装人工运至封闭网外。

对于线间 4 个支点墩,使用 4 台 P60 挖掘机在第一个自然垂直天窗内进行道砟防护,防护采用 1 m 长钢管(直径 48 mm)按照 2 m×2 m 尺寸密打,在第二个自然垂直天窗内进行道砟和基础开挖、安装钢筋及混凝土浇筑施工。

支墩钢筋在钢筋场绑扎完成,由人工搬运放入支墩基坑内。现场利用地泵进行混凝土浇筑,并采用 P30 装载机配合。

6)便梁架设

(1)线路架空方式采用 6 组 D24 便梁,封锁上行架设上行纵梁,封锁下行架设下行纵梁,先架设 4 组 D24 便梁,进行 5 号和 7 号支点桩施工,主汛期后架设 2 组 D24 便梁,进行 6 号支点桩施工。

(2)纵梁采用折臂吊进行架设,提前让折臂吊司机确认位置和场地情况,不符合吊装条件须提前进行整改。

(3)提前将需要的 D24 便梁及所需牛腿、扣件等用汽车运输到施工现场,并放置在指定位置,施工、技术共同确认纵梁位置无多余道砟杂物影响,桩头清理干净并根据桩顶到纵梁底的高差支垫枕木或杂木板,枕木要平整牢固。吊车提前进场并进行试吊,没有问题后停到指定位置等待。

(4)点前 1 h 吊车支腿、挂钩、挂好揽风绳等候,点起防护设置完毕,施工负责人下达施工命令后,吊车缓缓起钩,慢慢旋转,吊装过程中吊车司机必须听从专业吊装工进行升杆、落杆、伸臂、缩臂、旋转作业。

7)设备选型及工况分析

(1)利用 2 台天马 H6680 型号液压汽车起重机(折臂吊)进行 4 组 D24 便梁吊装。

(2)第一次架空,陇海铁路上行线点利用 2 台折臂吊吊装 2 组 D24 便梁;下行线点利用 4 台折臂吊吊装 2 组 D24 便梁。第二次架空,陇海铁路上行线点利用 1 台折臂吊吊装 1 组 D24 便梁;下行线点利用 1 台折臂吊吊装 1 组 D24 便梁。

D24 便梁单片重:16 t。

起重量参数如表 4-4 所示,设备参数如表 4-5 所示。

表 4-4　起重量参数表

支腿全伸,30 t 配重幅度							
工作幅度/m	2	4.5	7.2	8.6	10.9	14	16.3	19.2
额定起重量/kg	350000	135000	90000	70000	52000	35000	28000	19000

支腿全伸,20 t 配重幅度表							
工作幅度/m	2	4.5	7.2	8.6	10.9	14	16.3	19.2
额定起重量/kg	300000	125000	78000	58000	40000	25000	20000	15000

支腿全伸,10 t 配重幅度							
工作幅度/m	2	4.5	7.2	8.6	10.9	14	16.3	19.2
额定起重量/kg	260000	115000	68000	48000	35000	200000	15000	13000

支腿全伸,0 t 配重幅度							
工作幅度/m	2	4.5	7.2	8.6	10.9	14	16.3	19.2
额定起重量/kg	20000	90000	50000	58000	25000	15000	12000	10000

表 4-5 设备参数表

产品型号	H6680
额定起重力矩/kN·m	6600
最大起重量 /kg	350000
底盘	ZZ5537V31BHE1
发动机	MC11.44-50
液压伸缩臂节数	6
最大工作幅度/m	19.2
最大起升高度/m	22
变幅角度/(°)	1~73.1
回转角度/(°)	360 全回转
最大横向支腿跨距/m	7.9
最大纵向支腿跨距/m	6.3
额定工作压力/MPa	31
装底盘总质量/t	53

起重机实物图见图 4-12,起重性能图见图 4-13。

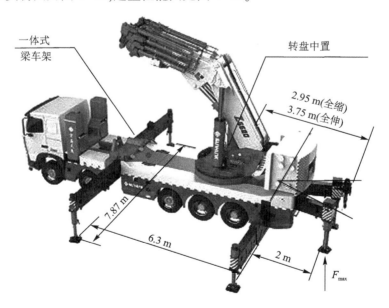

图 4-12 起重机实物图

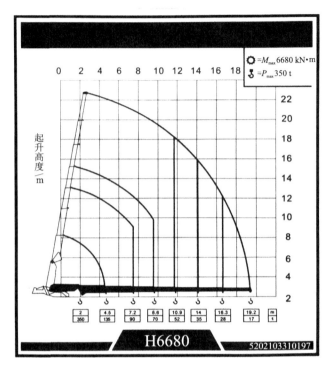

图 4-13　起重机起重性能图

(3)架空工况图。第一次架空工况、第二次架空工况分别见图 4-14、图 4-15。

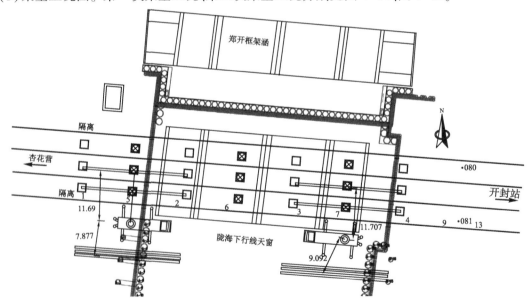

（a）

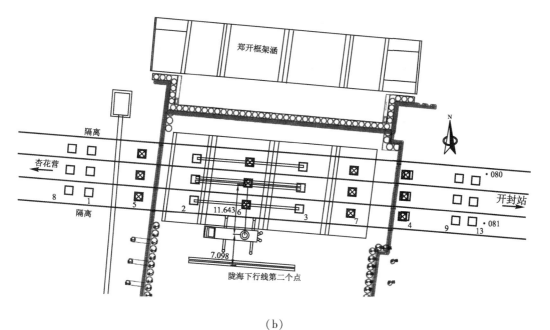

（b）

图4-14 第一次架空工况图

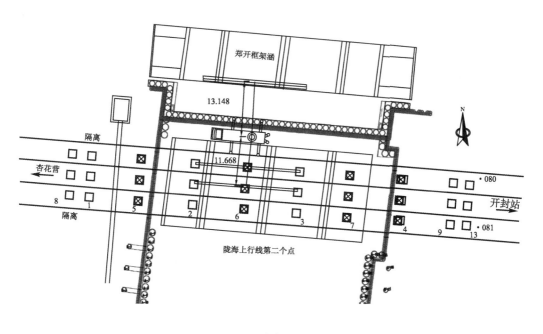

（a）

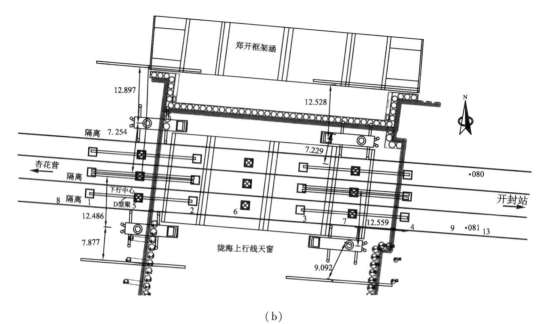

（b）

图 4-15　第二次架空工况图

（4）陇海上行点折臂吊最长伸臂 13.532 m，根据折臂吊工况图加设 10 t 配重，14 m 能吊 20 t，折臂吊满足此工况后，其他工况均满足。吊装现场图如图 4-16 所示，折臂吊站位剖面图如图 4-17 所示。

图 4-16　吊装现场图

吊装步骤如下：

折臂吊站在距陇海下行线 9 m 处，在天窗点外，汽车吊将支腿全部打开，车身与线路平行。吊装过程，接触网停电施工。保持大臂上沿至接触网 2 m 距离。防护人员站在吊机作业半径外，随时观察吊臂距离接触网线间距离。拉缆风绳人员站在吊车作业半径以外，跟随纵梁移动，随时控制缆风绳，保持纵梁与线路平行。

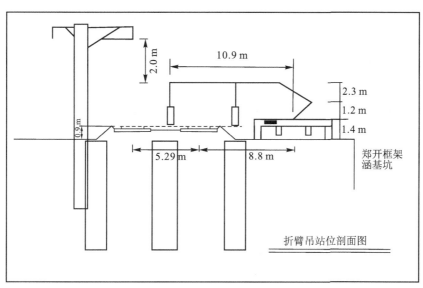

10.9 m
2.0 m
2.3 m
1.2 m
1.4 m
0.9 m
5.29 m
8.8 m
郑开框架涵基坑
折臂吊站位剖面图

图 4-17　折臂吊站位剖面图

作业人员提前挂设第一片纵梁起吊钢丝绳,进行试吊。试吊过程中的主要检查项目:吊卡的紧固情况,纵梁梁体变形情况,钢丝绳断丝、磨损、变形、润滑情况,钢丝绳布置对称情况。

作业人员统一由作业门处进入施工现场,由专人负责对现场的作业人员及工机具材料进行"三清点,一确认"登记。

第一步:接驻站联络员通知,行调封锁命令号下达后,安插红牌封锁线路,接触网停电,施工负责人下达施工命令,方可开始吊装作业(用时 10 min)。

第二步:将第一片纵梁由存梁点吊至纵梁就位位置,拆除起吊钢丝绳,旋转至吊梁位置(用时 15 min)。

第三步:将第二片纵梁由起吊点吊至纵梁就位位置,拆除起吊钢丝绳,旋转出铁路范围(用时 15 min)。

第四步:吊装完毕后,先对纵梁限界进行测量并记录,然后连接纵横梁(用时 70 min)。

第五步:联合设备管理单位确认达到放行列车条件并恢复供电后,施工负责人通知撤除封锁防护并通知驻站联络员开通线路(用时 10 min)。

总计用时:120 min。

首先,纵横梁连接。

纵梁就位后应立即连接牛腿和固定扣板,确保架空体系和线路稳定,安装过程中绝缘挡块不得漏装,当天封锁点内没有连接完成的横抬梁要支垫牢固,过车时横抬梁不得跳动。

其次,地基承载力计算。

吊装作业时吊车安放在上行线侧,因此原地面路基承载力显得尤为重要,严格控制填筑压实度质量,吊车安装区域四个支撑点铺 1.5 m×1.5 m 厚 10 mm 钢板。线路架空纵梁采用 D24 施工便梁;单片纵梁总重量 $T=16$ t。

原地面承载力验算:吊装时,地基土所承受压力:$N=[16\text{ t}(\text{D24 纵梁自重})+53\text{ t}(\text{吊车自重})+0.25\text{ t}(\text{吊钩重})]\times10=692.5\text{ kN}$。

吊车自带支撑点钢板的每块平面尺寸:$S=1.5\text{ m}\times1.5\text{ m}=2.25\text{ m}^2$。

吊装时,支腿受力按最不利条件考虑,单支腿受力,地基土所受承载力:$P=N/S=692.5/2.25=307.78(\text{kPa})$,因此,原地面处理后需满足 307.78 kPa 的承载力。

现场采用轻型触探仪进行承载力试验,现场取两个点进行试验,前轮支腿锤击次数为 42 次,后轮支腿锤击次数为 41 次,试验结果如下:

$$R=8N-20$$

其中,R 为承载力,kPa;N 为锤击次数。

前轮支腿承载力:$P=8\times42-20=316(\text{kPa})$。

后轮支腿承载力:$P=8\times41-20=308(\text{kPa})$,满足承载力要求。

试吊每一片纵梁起吊时,可观察原地面是否有明显沉降,若有,则应立即停止施工,并对路基重新进行碾压、加固。

最后,钢丝绳验算。

D24 纵梁单片重量为 16 t,采用四吊点,四根绳受力,每个吊点钢丝绳夹角为 63°,$F_\text{总}=16\text{ t}$,$F_G=F_\text{总}/4=4\text{ t}$,$F_1=F_G/\sin 63°=4/0.891=4.489(\text{t})$。

吊绳受力简图如图 4-18 所示。

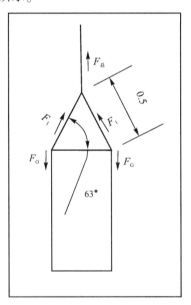

图 4-18 吊绳受力简图

钢丝绳采用 6×19 钢芯钢丝绳,直径 22 mm,钢丝绳公称抗拉强度 1870 MPa,根据《重要用途钢丝绳》(GB/T 8918—2006)的参数可知钢丝绳最小破断力为 322 kN。钢丝绳力学性能如表 4-6 所示。

表 4-6 钢丝绳力学性能

钢丝绳公称直径		钢丝绳参考重量/(kg/100 m)			钢丝绳公称抗拉强度/MPa									
					1570		1670		1770		1870		1960	
					钢丝绳最小破断拉力/kN									
D/mm	允许偏差/%	天然纤维芯钢丝绳	合成纤维芯钢丝绳	钢芯钢丝绳	纤维芯钢丝绳	钢芯钢丝绳	纤维芯钢丝绳	钢芯钢丝绳	纤维芯钢丝绳	钢芯钢丝绳	纤维芯钢丝绳	钢芯钢丝绳	纤维芯钢丝绳	钢芯钢丝绳
12	+50	53.1	51.8	58.4	74.6	80.5	79.4	85.6	84.1	90.7	88.9	95.9	93.1	100
13		62.3	60.8	68.5	87.6	94.5	93.1	100	98.7	106	104	113	109	118
14		72.2	70.5	79.5	102	110	108	117	114	124	121	130	127	137
16		94.4	92.1	104	133	143	141	152	150	161	158	170	166	179
18		119	117	131	158	181	179	193	189	204	200	216	210	226
20		147	144	162	207	224	220	238	234	252	247	266	259	279
22		178	174	196	251	271	267	288	283	304	299	322	313	338
24		212	207	234	298	322	317	342	336	363	355	363	373	402
26		249	243	274	350	378	373	402	395	426	417	450	437	472
28		289	282	318	405	438	432	466	458	494	484	522	507	547
30		332	324	365	466	503	496	535	526	567	555	599	582	628
32		377	369	415	531	572	564	609	598	645	632	682	662	715
34		426	416	469	599	646	637	687	675	728	713	770	748	807
36		478	456	525	671	724	714	770	757	817	800	863	838	904
38		532	520	5B5	748	807	796	858	843	910	891	961	934	1010
40		590	576	649	829	894	882	951	935	1010	987	1070	1030	1120

钢丝绳容许拉力可按下式计算[25]：

$$[F_g] = \alpha F_g / K$$

式中：$[F_g]$——钢丝绳的容许拉力；

F_g——钢丝绳的钢丝破断拉力总和，由表 4-6，可取 $F_g = 322.00$ kN；

α——考虑钢丝绳之间荷载不均匀系数，取 $\alpha = 0.95$；

K——钢丝绳使用安全系数，取 $K = 5.00$；

经计算得 $[F_g] = 322.00 \times 0.95 / 5.00 = 61.18$(kN)。

$[F_g] > F_1$，钢丝绳容许拉力大于吊装重物分力，满足要求。

8）线路架空验收

线路架空体系施工完成后，项目部申请铁路相关设备管理单位共同确认架空体系是否满足要求、现场是否具备顶管作业条件，重点检查确认设备迁改防护情况、应力放散、地质状况复核，线路架空体系按照施工方案施工，支点桩检测强度满足设计要求；架空体系连接牢固；线路几何尺寸符合要求；纵梁安全限界是否符合铁路安全限界要求及人员、机具、材料准备情况。线路架空施工顶进前现场确认表如表 4-7 所示。

表 4-7　线路架空施工顶进前现场确认表

	工程名称	
	工程概况	
	检查项目	
1	顶进设备	
2	设备迁改防护	
3	应力放散	
4	地质状况复核	
5	线路架空体系(支点桩、防护桩检测,架空体系连接,线路几何尺寸,建筑限界等)	
6	人员、机具、材料准备情况	
7	其他	
	检查结论	
	签字	

9)支点桩及接触网过渡基础桩基施工

黄河大街下穿陇海铁路工程支点桩总数量为 12 根(本方案中施工 9 根),其中线间桩径为 1.8 m,桩基 4 根,线路两侧桩径为 1.5 m,桩基 8 根,081#、082#接触网过渡基础桩基 4 根,桩径 1.25 m,桩长 17 m,位于线路两侧。

其中 5、7 排支点桩在第一次架空形成后施工,待 081#和 082#接触网完成迁改后,进行第二次架空,施工 6 号基坑钻孔桩。

支点桩采用沿垂直于线路的方向开槽,形成一道上口 12 m、下口 4 m 的梯形施工通道,通道长度 17 m,在慢行期间采用低机架循环钻进行钻孔施工。支点桩桩位图见图 4-19。

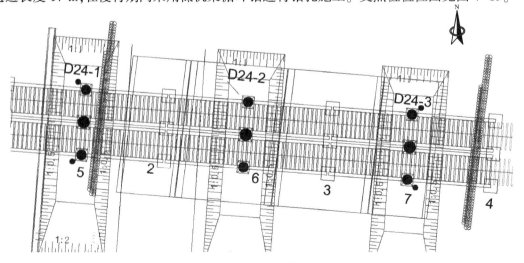

图 4-19　支点桩桩位图

（1）开槽施工

本工程采用分两层开挖,开挖深度 4 m,6、7 基槽底宽 4 m,5 基槽底宽 6.6 m,坡比 1:1,第一层开挖 2 m,喷锚支护后第二层开挖 2 m(至基底标高)。

①施工放样。

根据设计图纸进行实地测量放样,在地面标定位置设置纵、横向轴线。以轴线为基准测定开槽在平面上的所有尺寸,放出开挖基槽的范围,打上易识标桩。在开挖施工时要随时检查其位置,出现错误时及时调整。

②开槽开挖。

本段开槽开挖主要采用小型机械开挖、人工配合的施工方法。

开槽采用 P60 挖掘机配合装载机施工,挖掘机限制大臂抬高小于 3 m,一次开挖到位,然后进行边坡防护,边坡采用 8 cm 厚 C20 网喷混凝土进行防护,开挖过程中挖掘机将前方土体挖塌后,退出基槽,由装载机进去进行装土倒运。

开挖过程中上方设防护员,下方设专业安全员,列车通过前防护员用对讲机通知安全员机械停止作业,列车完全通过后方可继续作业,挖掘机在开挖过程中听从安全员指挥,不得碰撞纵梁和枕木。

开挖大样图详见图 4-20。

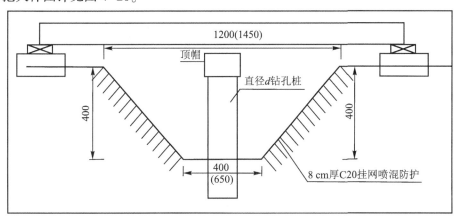

图 4-20　开挖大样图

（2）循环钻桩基施工

本工程改装循环钻机高度为 3.6 m,宽度 2.5 m,长度 6 m,钻杆和导管长度一节一米。

支点桩钢筋分为 2.5~3 m/节连接采用焊接连接。两台钻机同时施工,满足现场施工要求。循环钻桩基施工现场图见图 4-21。

①钻机就位及钻孔。

钻机就位前,应对钻机各项准备工作进行检查,包括场地布置与钻机坐落处的平整和加固,主要机具的检查和安装,配套设备的就位及水电供应的接通等,钻孔前应绘制钻孔地质剖面图,以便按照不同土质选用适当的钻头、钻进压力、钻进速度和泥浆指标。

钻机就位后,底座和顶端应平稳,在钻进和运行中不应产生位移或沉降,否则应找出原因并及时处理,起吊滑轮缘、转盘中心和桩孔中心应在同一铅垂线上,其偏差不得大于 2 cm。

图 4-21　循环钻桩基施工现场图

钻机开钻时,应先启动泥浆泵和转盘,待泥浆进入钻孔一定数量后,方可开始钻进,开钻时宜低挡慢速钻进,钻至护筒下 1 m 后再以正常速度钻进。钻进速度应与泥浆排量相适应,并保持筒内应有的水头,对不同的地层采用不同的钻速、钻压、泥浆相对密度和泥浆量。在易坍孔的砂土、软土等土层钻进时,宜采用低速、轻压钻进,同时应提高孔内水头和加大泥浆相对密度。

钻孔作业应分班连续进行,经常对钻孔泥浆进行测试,填写"泥浆测试记录表",并根据测试数据进行泥浆指标调整;经常注意土层变化,每钻进 2 m 或在土层变化处,应在泥浆槽中捞取钻渣样品,查明土类并记录,以便与地质剖面图核对,并填写"钻孔桩钻孔记录表"。交接班时应交代钻进情况及下一班注意事项。

升降钻锥时须平稳,钻锥提出井口时应防止碰撞护筒、孔壁,拆装钻杆力求迅速。

因故停钻时,孔口应加护盖。严禁把钻锥留在孔内,以防埋钻。

钻机的主吊钩始终承受部分钻具(钻杆、钻锥、加重块)的重力。使孔底承受的钻压不超过钻杆(钢丝缆)、钻锥和加重块重力之和的 80%,以避免或减少斜孔、弯孔和扩孔现象。

钻进过程中应经常测量孔深,并对照地质柱状图随时调整钻进技术参数。达到设计孔深后及时清孔提钻,清孔时以所换新鲜泥浆达到孔内泥浆含砂量逐渐减少至稳定不沉淀为度。

当钻孔深度达到设计要求时,对孔深、孔径、孔位和孔形等进行检查,确认满足设计要求后,进行清孔,清孔合格后填写"成孔检查记录表",经监理工程师检查认可后方可进入下道工序。

②清孔。

采用换浆法清孔,将钻锥提高 10~20 cm,继续循环以相对密度较低(1.1~1.2)的泥浆压入,把钻孔内悬浮钻渣和相对密度较大的泥浆换出。

清孔后要求孔内排出或抽出的泥浆手摸无 2~3 mm 颗粒,泥浆相对密度 1.05~1.1,含沙率≤2%,黏度在 17~20 Pa·s 之间,检验合格后方可下钢筋笼和导管。

钢筋笼和导管安装到位后,灌筑混凝土前再次检查孔底的沉渣厚度,摩擦桩长≤20 cm,沉渣厚度检测符合要求,方可安装料斗进行混凝土灌筑。如不符合进行二次清孔,把泥浆泵从导管插入进行二次清孔,待沉渣厚度检测符合要求后,方可安装料斗进行混凝土灌筑。

③钢筋笼骨架的制作与安装。

由于基槽高度限制,主筋在钢筋场加工成 2.5~3 m 长度的短筋,第一节架空成型,利用循环钻上方的牵引系统将钢筋笼吊入孔内,然后在护筒上穿入钢管固定第一节钢筋笼,剩余长度钢筋利用第一节作为基础人工在孔上方进行安装连接。

④导管安装。

导管采用 φ30 钢管,每节 1 m,钢导管内壁光滑、圆顺,内径一致,接口严密;使用前进行试拼和水密、承压和接头抗拉试验,按自下而上顺序编号和标示尺度。导管组装后,轴线偏差不超过钻孔深的 0.5%且不大于 10 cm。试压力为孔底静水压力的 1.3 倍(目前施工桩长小于 50 m,采用压力 0.75 MPa),经过 15 min 不漏水即为合格,并填写"水下混凝土浇筑导管水密试压记录"。

导管长度由孔口标高和设计桩底标高决定。漏斗底距钻孔上口,大于一节中间导管长度。导管接头法兰盘加锥形活套,底节导管下端不得有法兰盘。采用螺旋丝扣型接头,设防松装置。

导管安装后,其底部距孔底有 25~40 cm 的空间。

⑤灌筑水下混凝土。

混凝土由拌和站集中拌制,采用罐车运输,人工配合地泵灌筑水下混凝土。

灌筑混凝土前和灌筑过程中,应按规定时间检测高性能混凝土的坍落度、扩展度、含气量和入模温度,并做好记录。待检测指标符合设计及规范要求后,开始灌筑水下混凝土。

混凝土的初存量应满足首批混凝土入孔后,导管埋入混凝土的深度不得小于 1 m 并不宜大于 3 m;漏斗底口处必须设置严密、可靠的隔水装置,该装置必须有良好的隔水性并能顺利排出。

确定首批灌筑混凝土的数量后,对孔底沉淀层厚度应再次测定。如符合设计要求,则立即灌筑首批混凝土。

打开漏斗阀门,放下封底混凝土,首批混凝土灌入孔底后,立即探测孔内混凝土面高度,计算出导管埋置深度。如符合要求,即可正常灌筑;如发现导管内大量进水,表明出现灌筑事故。

灌筑开始后,应紧凑连续地进行,严禁中途停止。在灌筑过程中,应防止混凝土拌合物从漏斗顶溢出或从漏斗外掉入孔底,使浆内含有水泥而变稠凝结,致使测探不准确;应注意观察管内混凝土下降和孔内水位升降情况,及时测量孔内混凝土面高度,正确指挥导管的提升和拆除。导管的埋置深度应控制在 2~6 m 范围内,同时应经常测探孔内混凝土面的位置,及时调整导管埋深。对于灌筑时间、混凝土面的深度、导管埋深、导管拆除以及发生的异常现象等,应指定专人进行记录,并填写"钻孔桩内浇筑水下混凝土记录表"。

导管提升时应保持轴线竖直和位置居中,逐步提升。如导管法兰卡挂住钢筋骨架,可转动导管,使其脱开钢筋骨架后,再移到钻孔中心。

拆除导管动作要快,时间一般不宜超过 15 min,要防止螺栓、橡胶垫和工具等掉入孔中。已拆下的管节要立即清洗干净,堆放整齐。

在灌筑过程中,当导管内混凝土不满、含有空气时,后续混凝土要徐徐灌入,不可整斗地灌入漏斗和导管,以免在导管内形成高压气囊,挤出管节间的橡皮垫,而使导管漏水。

当混凝土面升到钢筋骨架下端时,为防钢筋骨架被混凝土顶托上升,可采取以下措施:

a.尽量缩短混凝土总的灌筑时间,防止顶层混凝土进入钢筋骨架时混凝土的流动性过小;

b.当混凝土面接近和初进入钢筋骨架时,以及当混凝土面接近钢筋笼底时,应保持较大的埋管深度(应使导管底口处于钢筋笼底口 3 m 以下和 1 m 以上处),并慢慢灌筑混凝土,以减小混凝土从导管底口出来后向上的冲击力;

c.在孔内混凝土进入钢筋骨架 4~5 m 以后,适当提升导管,减小导管埋置长度,以增加骨架在导管口以下的埋置深度,从而增加混凝土对钢筋骨架的握裹力。

(3)接桩

地面以下桩体灌筑完成后,混凝土强度达到设计强度的 75% 后方可开始地面以上部分的施工,地面以上桩体采用立模浇筑。施工流程如下:第一步,将桩体表面凿毛,露出新鲜混凝土;第二步,将桩体钢筋笼接至设计高度;第三步,人工安装桩体模板,模板采用木模板;第四步,泵送混凝土入模,完成地面以上接桩;第五步,拆除模板。

支点桩及接触基础桩桩顶标高均为 74.5 m。甲、乙、丙式设置图如图 4-22 所示。

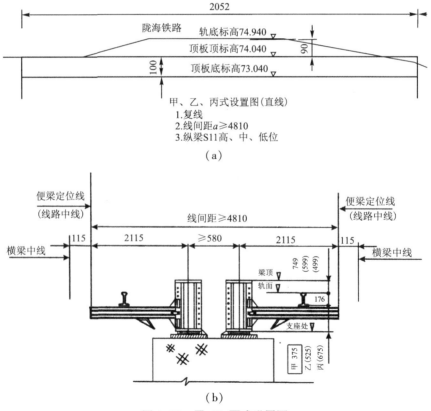

图 4-22 甲、乙、丙式设置图

①钢筋笼接长。采用人工接长地面以上钢筋笼,2人一组,1人进行连接,1人辅助,先将主筋调直,根据桩顶标高计算接长主筋长度,再截取相应长度主筋,采用焊接连接主筋。主筋连接完成后绑扎箍筋至设计桩顶。

②模板安装。模板采用2.44 m×1.22 m的标准木模板加工,采用人工安装。模板之间的缝隙用橡胶条填充,防止混凝土浇筑过程中漏浆。模板安装前应对模板与混凝土接触面处涂刷脱模剂,脱模剂应涂刷均匀,不得污染钢筋。

模板四周设置钢管支撑和拉绳,拉绳采用直径5 mm的钢丝绳,与地面夹角60°的地锚,高度不超3 m设置一道,高于3 m设置两道。

③混凝土浇筑。采用商品混凝土,由汽车运输至浇筑地点,泵车泵送入模。混凝土浇筑时,采用下料桶,保证混凝土倾落时不离析。混凝土的捣固派专人负责,捣固密实,不得出现漏捣、过捣现象,保证混凝土内实外光。

④模板拆除。混凝土强度达到设计强度的75%时拆除侧模,采用人工拆除模板,自上而下进行。

10)基槽回填

支点桩养护完成后,采用级配碎石(掺5%水泥)分层压实回填,每次松铺厚度不大于30 cm,使用小型装载机(见图4-23)进行摊铺,人工配合,然后采用小型打夯机夯实,试验人员现场检查压实质量,合格后进行下一层填筑。顶部路肩顶向下50 cm范围采用C20混凝土填筑。

型号	XYL-450	
行走速度	0~3 km/h	
爬坡能力/%	30	
驱动方式	液压站	
振动控制	自动离合	
振动频率	70 Hz	
激振力	15 kN	
液压油箱容积	16 L	
动力型号	HondaGX160汽油	百利通163DD汽油
功率	5.5 HP	5.0 HP
启动方式	手拉	
钢轮尺寸	$\varphi 25 \times 450$ mm	
净重量	200 kg	
包装尺寸	750×750×900 mm	

图4-23 小型装载机

11)桩基检测

架空支点桩施工完毕后,由具有资质的第三方检测机构对桩基的完整性进行检测。

12)回填道砟

(1)基槽回填完毕后,利用封锁点组织人工配合机械进行上砟,并由人工进行捣固,直至达到拆除架空条件,确保线路达到纵横梁拆除条件。待纵横梁拆除后,再次对线路进行补砟捣固,确保线路稳定,达到放行列车条件,线路上补砟在天窗点内进行作业。

①下插:捣固机定位准确,垂直下插,不得撞击钢轨、轨枕及连接零件,下插要稳,遇阻力时应边下插边略做张合动作,镐板上缘应插到轨枕底面下30~40 mm。

②夹实:镐板下插到位后开始夹实,持续2~3 s,夹实次数因撬、因地而定,一般情况下,小腰夹一次,大腰夹两次,接头夹2~3次。

③提升:每捣完一根轨枕后,方可提升镐板,严禁镐板在夹实状态下提升。

④转移:动作要迅速,两台捣固机应同起、同落、同时转移推进,动作一致,保持平稳。

⑤应在钢轨两侧各400 mm范围内捣实道床。

(2)捣固后要对线路外观进行整理,枕木头及道心枕木上不得有散碴。

(3)轨距:达到精检细修标准。

(4)水平:误差不大于4 mm,6.25 m延长范围内无超过4 mm的水平三角坑。

(5)高低:目视平顺,无漫塘用10 m弦量不超过4 mm。

(6)方向:直线远视直顺,无甩弯。

(7)捣固:捣固良好,无暗坑。

13)高压旋喷桩止水帷幕

5号基槽和10号基槽内各有3排高压旋喷桩止水帷幕,其中2排和基坑止水帷幕相连,设计桩长15 m,直径0.6 m,咬合0.2 m。

(1)工艺流程

同高压旋喷桩施工工艺流程。

(2)施工方法

同高压旋喷桩施工方法。

14)线路恢复

(1)上砟捣固

①基槽回填完毕后,先对线路进行补砟捣固,确保线路达到纵横梁拆除条件,待纵横梁拆除后,再次对线路进行补砟捣固,确保线路稳定,达到放行列车条件,线路上补砟在天窗点内进行作业。

下插:捣固机定位准确,垂直下插,不得撞击钢轨、轨枕及连接零件,下插要稳,遇阻力时应边下插边略做张合动作,镐板上缘应插到轨枕底面下30~40 mm。

夹实:镐板下插到位后开始夹实,持续2~3 s,夹实次数因撬、因地而定,一般情况下,小腰夹一次,大腰夹两次,接头夹2~3次。

提升:每捣完一根轨枕后,方可提升镐板,严禁镐板在夹实状态下提升。

转移:动作要迅速,两台捣固机应同起、同落、同时转移推进,动作一致,保持平稳。

应在钢轨两侧各400 mm范围内捣实道床。

②捣固后要对线路外观进行整理,枕木头及道心枕木上不得有散碴。

③轨距:达到精检细修标准。

④水平:误差不大于4 mm,6.25 m延长范围内无超过4 mm的水平三角坑。

⑤高低:目视平顺,无漫塘用 10 m 弦量不超过 4 mm。

⑥方向:直线远视直顺,无甩弯。

⑦捣固:捣固良好,无暗坑。

(2)线路巡养

施工期间,项目部成立专门的巡养小组,由专业的线路工负责,对线路进行检查,并做好巡养记录。线路巡养主要作业内容为:

①安排线路自动检测、监测 24 h 不间断对线路进行巡查,要求每过一列车都必须对线路进行认真检查,线路检查记录不超过 2 h 填写一次,检查记录要填写整齐规范。建立交接班制度,发现问题及时整修,上线检查、工作应在天窗时间内进行,天窗时间外不得进入线路。铁路封闭栅栏以外,不影响行车安全和基础稳定的巡视、检查、保养、整修作业,可在天窗点外进行。本工程长期慢行施工地段及阶梯提速前设备检查、检测,应使用自动检测、监测设备,代替人工上道检查、检测。人工上道检查、检测、整修时,施工单位登记"运统-46",主体配合单位签字,车站办理接发列车的线路要点不超过 5 min 及车站不办理接发列车的线路,由车站值班员签认给点;车站办理接发列车的线路要点超过 5 min 及影响区间的,由列车调度员下达调度命令,车站值班员依据。

②检查轨道几何状态并适当整修,包括顺平线路、拨正方向、改正轨距、矫正轨底坡等。

③及时清筛并补充道砟,使其既密实又有弹性,并具有良好的排水性能。

(3)列车阶梯提速

线路整修完成后,应由郑州桥工段验收,在确认线路设备状态达到放行列车条件后,采用阶梯提速办法,逐步恢复列车常速。提速办法为:45 km/h(12 h),60 km/h(24 h),80 km/h(24 h)后 120 km/h 一列后恢复常速。在列车提速期间,认真维护线路,对线路发生的方向、水平问题及时整修,为线路恢复常速打好基础。同时,在提速期间及时更换慢行牌的速度标志。

4.7 拆除架空

陇海铁路上下行线各需要一个封锁点拆除纵梁,先要点拆除更换桥枕以外的横抬梁,然后要点边拆除横抬梁边更换桥枕。

1)施工准备

(1)拆除纵梁提前要点将纵横梁连接拆除,每组至少保留 3 根不拆,确保纵梁的定性,机械提前进场,并将场地进行处理达到吊装条件。

(2)更换桥枕前,提前将桥枕进行锚固,点前将桥枕排摆在路肩上。

(3)所需工具、材料提前进场。

2)拆除纵梁

陇海上行线纵梁拆除计划 1 个封锁点,采用 3 台折臂吊,每台吊车拆除 1 组 D24。

陇海下行线纵梁架设计划 1 个封锁点,采用 3 台折臂吊,每台吊车拆除 1 组 D24。

(1)设备选型

设备选型与第 4.6 节相同。

拆除工况图见图 4-24。

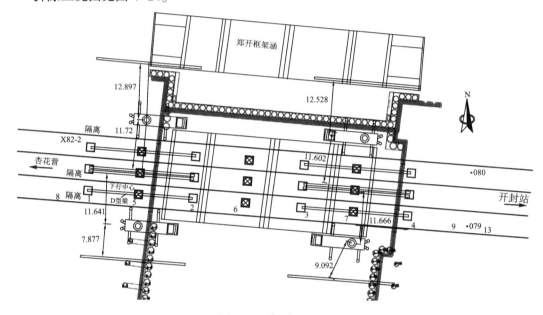

图 4-24　拆除工况图

根据以上工况图,可知在陇海下行点移架 D24 纵梁过程中,折臂吊伸臂最长距离为 15.496 m,依照折臂吊工况图选择加设配重 20 t,折臂吊伸臂 16.3 m 可吊重 20 t,满足移架 D24 纵梁。

(2)吊装步骤

陇海下行线拆除纵梁的时候需要利用垂直天窗,点起封锁下行线 180 min,进行 3 组 D24 拆除,接触网停电配合,点闭恢复供电并开通线路。下面就 1 组 D24 纵梁在天窗点内吊装步骤进行分析:

第一步:下行命令下达后,安插红牌,接触网停电,施工负责人下达施工命令,方可开始吊装作业(用时 10 min)。

第二步:吊车伸吊臂至内侧 D24-1 便梁中心(用时 3 min)。

第三步:将内侧 D24-1 便梁由起吊点吊至存梁位置,拆除起吊钢丝绳,旋转至外侧 D24-1 便梁(用时 15 min)。

第四步:将外侧 D24-1 便梁由起吊点旋转至存梁位置(用时 15 min)。

第五步:上行封锁点前 10 min,联合设备管理单位确认达到放行列车条件并恢复供电后,施工负责人方准通知撤除封锁防护,并通知驻站联络员开通线路(用时 10 min)。

总计用时:53 min。

3）拆除横抬梁

（1）横抬梁拆除在天窗内进行，人工配合 P60 挖掘机将横梁抽出暂放到路肩上，横抬梁抽出后人工对既有混凝土枕进行方正，然后进行补砟捣固，横抬梁拆除时必须按顺序进行，人工配合机械从一端向另一端拆除。抽梁时派专人在轨底和横梁间垫绝缘，横梁快拉出时也要防止翘头影响线路安全。

（2）横梁边拆除边补充道砟，道砟回填采用人工配合机械的作业方式，另设立 2 个捣固专业施工组，配合线路班不间断地对线路进行补砟、捣固，直到线路达到开通条件。

封锁点结束前，施工负责人和设备管理单位人员共同按放行列车条件进行检查，达到开通条件后，撤除防护，及时办理销记手续，开通线路。

4.8　慢行期间线路检查

以郑州局集团公司关于公布《修订〈中国铁路郑州局集团有限公司普速铁路线路维修管理细则〉部分内容》的通知（郑铁工〔2024〕73 号）规定的"线路轨道静态几何不平顺容许偏差管理值"限速 80 km/h 计划维修标准为一级预控制值，限速 80 km/h 优先维修标准为二级预控制值，限速 80 km/h 临时补修标准为三级预控制值。

设立线路检查班组，设置 3 个专班，每班配备 3 人，携带电子道尺、对讲机、信号旗，24 h 对联动螺栓、架空支点、限界和线路几何尺寸进行目测并使用专用工具检查，发现问题及时向设备管理单位的包保领导和施工负责人汇报，组织人员整修。慢行期间，线路轨道静态几何尺寸必须满足《普速铁路线路修理规则》[26] 经常保养允许偏差管理值。运用自动化监测设备对施工地段轨道的高低、轨向、轨距、水平等数据进行自动采集、综合分析，对线路技术状态不间断检查。长期慢行施工开始后，应在施工范围安装好线路自动化监测设备并确保能开展正常监测，之后方能进行扰动道床施工。其间确需人工上道检查、检测、整修时，施工单位登记"运统-46"，主体配合单位签字，车站办理接发列车的线路要点不超过 5 min 及车站不办理接发列车的线路，由车站值班员签认给点；车站办理接发列车的线路要点超过 5 min 及影响区间的，由列车调度员下达调度命令，车站值班员依据调度命令签认给点。架空期间每天检查不少于 2 次。

1）人工上道巡养、检测、整修线路遵照的原则

（1）根据线路状态、施工进度、天气温度、列车通行等因素，在日生产会上确定申请临时天窗上道检查、检测、整修时段和频次。

（2）在天窗日天窗时段，充分利用维修天窗对施工地段线路和架空设备进行全面检查和整修。

（3）在非天窗时段，线路巡养人员要加强在路肩处巡检，每 2 h 1 次，目视检查线路高低、绝缘胶垫等。监测或检查到线路几何尺寸超限要立即申请临时天窗整修。

2）临时天窗申请

依据郑州局集团公司发布的《关于明确普速铁路线路架空、立交顶进施工有关事项的通知》（郑铁建函〔2022〕394 号），站内施工，根据具体工点、车站股道运用情况，由运输部门（运输处、开封站）及时协调安排。施工单位和设备管理单位在日生产会上，对次日需人工上道检查、检测、整修的时段、频次、时长、检查内容、整修范围进行研究，确定次日慢行地段巡养计划和临时天窗申请次数、时长，并通过驻站联络员向登记车站（开封站）报告，车站报告调度所，调度所结合列车运行计划提前统筹安排。车站在施工单位登记"运统-46"后，要及时联系列车调度员，列车调度员要尽早安排给点。

按《普速铁路线路修理规则》[26]要求，以 $V_{max} \leq 80$ km/h 正线计划维修标准来养护线路，确保行车安全。

4.9 附属工程施工

营业线作业施工完毕后（线路养护期间），按照图纸进行电缆槽、封闭网施工。

电缆槽采用预制安装，与四电施工单位及设备管理单位沟通确认后，进行购买和安装，安装过程中需在监护人员的盯控下进行。

电缆槽施工完成后，栏杆采用现浇施工。

栏杆及防抛网施工在线路恢复常速前完成，施工过程中要加强防护，确保安全。

4.10 涵洞接长、路面铺装

框架涵顶进到位后，两端需用 U 形槽进行接长，线路南接长南 U1、南 U2，线路北接长北 U1，施工条件为邻近营业线。

线路轨道静态几何不平顺容许偏差管理值见表 4-8。

1）U 形槽施工

如图 4-25、图 4-26 所示为 U 形槽段及槽段中电缆槽标准横截面。

（1）施工工艺流程

框架现浇总体施工流程：施工准备→基坑施工→抗浮桩施工→垫层浇筑→绑扎底板钢筋→底板浇筑→绑扎边墙钢筋→立模、支架安装→浇筑边墙→养生→拆模。

表4-8 线路轨道静态几何不平顺容许偏差管理值

单位：mm

项目	120 km/h<V≤160 km/h（正线）				80 km/h<V≤120 km/h（正线）					V≤80 km/h（正线及到发线）					其他站线				
	作业验收	计划维修	临时补修	限速（120 km/h）	作业验收	计划维修	优先维修	临时补修	限速（80 km/h）	作业验收	计划维修	优先维修	临时补修	限速（45 km/h）	作业验收	计划维修	优先维修	临时补修	封锁
轨距	+4 / −2	+6 / −4	+8 / −6	+14 / −7	+6 / −2	+7 / −4	+8 / −4	+14 / −7	+16 / −8	+6 / −2	+7 / −4	+9 / −4	+16 / −8	+19 / −9	+6 / −2	+9 / −4	+10 / −4	+19 / −9	+21 / −10
水平	4	6	10	14	4	6	9	14	17	4	6	10	17	20	5	8	11	20	22
高低	4	6	11	15	4	6	9	15	19	4	6	10	19	22	5	8	11	22	24
轨向（直线）	4	6	9	12	4	6	9	12	18	4	6	10	15	18	5	8	11	18	20
三角坑 缓和曲线和	4	5	6	7	4	5	6	7	8	4	6	7	8	9	5	7	8	9	10
三角坑 直线和原曲线	4	6	8	11	4	6	8	11	13	4	6	9	13	15	5	8	10	15	16

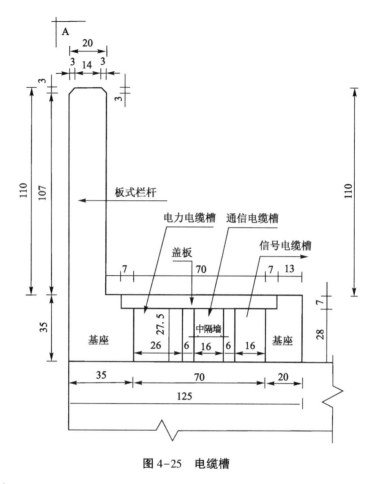

图 4-25 电缆槽

（2）基坑施工

南侧 U 形槽在框架涵顶进线路上，顶进时滑板连续接长，设计滑板标高比 U1、U2 垫层底低 0.15～0.3 m，需在滑板上回填原装土碾压；北侧 U 形槽需要机械分层开挖至设计标高，开挖碾压完成后邀请建设单位、设计单位、监理单位共同进行基槽验收，合格后立即进行混凝土垫层施工，尽量缩短晾槽时间。

（3）抗浮桩施工

抗浮桩设计为 φ800 的钻孔桩，东西间距 7 m，南北间距 7.5 m，施工工艺参照钻孔桩施工工艺。

（4）垫层施工

基坑经验收合格后，进行垫层浇筑，垫层厚 0.2 cm，由于基坑宽度大，浇筑前每隔 5 m 设置 φ20 的钢筋控制标高，垫层采用商品混凝土，由滚筒式混凝土运输车运输到场，由汽车泵直接泵送入模，平板式振捣器振捣密实，铝合金刮尺整平即可。

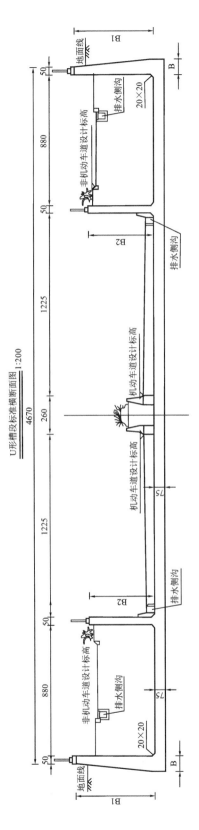

图4-26 U形槽段标准横截

（5）钢筋工程

框架桥桥身混凝土分两次浇筑:第一次浇筑底板混凝土及边墙倒角以上0.3 m;第二次浇筑边墙、中墙。

①钢筋检验、堆放场地的设置及贮藏。

进场钢筋应验收其厂标、钢号、炉批号、规格、质量证明书是否符合要求,每捆(盘)上的各种数据是否齐全及同质量证明书是否相同。现场检验应在项目监理的监督下进行抽样,送检及外观检验是否合格。试样为4根,即2个拉力,2个冷弯,试验合格后挂上检验合格的标识牌,并根据检验合格的标识牌判断是否可以下料使用。

钢筋堆放场地拟设置在临时堆场内(详见总平面布置),原材料堆放场地采用硬化地坪或架空搁置,并且采用竖向钢管将各种规格的原材料分格堆放,堆放场顶面设置石棉瓦遮盖棚。

②钢筋制作加工。

a.钢筋制作加工场设置在钢筋堆放场附近,并且配备钢筋弯曲机、钢筋切断机、钢筋对焊机、型材切割机,每台机械上均搭设钢瓦棚遮盖。

b.钢筋制作下料前,先进行钢筋翻样,翻样以设计图纸、规范作为依据,翻样完毕报监理公司审核后再进行现场下料,对局部搭接点,切断点设置位置绘制大样图报设计院认可后方可进行下料、制作。

c.制成加工成型的钢筋应按类别和尺寸分别堆放并挂牌标识,成品挂牌堆放并标注钢筋编号、规格、数量、加工尺寸、使用部位,成品经检验核对后方可出库使用。

d.钢筋必须按图纸所示形状弯折。浇入于混凝土中的钢筋的露出部分,不能在浇筑混凝土现场弯折。需弯曲的所有钢筋都应冷弯。

e.主筋采用焊接连接成型。壁板分布筋按搭接考虑,搭接长度按设计及施工规范要求执行。

f.各类电焊焊工全部佩戴操作上岗证上岗施工。接头试验合格后方可进行下道工序施工。

g.钢筋保护层垫层采用同混凝土标号的混凝土制成,厚度按设计要求,并且用于壁板的保护层垫层,在制作中要预留绑扎铝丝。

③钢筋绑扎。

a.底板钢筋的绑扎。钢筋在绑扎前,先在混凝土垫层上弹出墨线,在沉降缝后浇带处校核角度90°,钢筋与橡胶止水带的接口处理,必须垂直、平行和确保保护层的正确性。

绑扎前,应首先核对钢筋规格、品种、数量是否符合设计要求,其后应垫好混凝土保护层垫块,垫块厚度按设计要求提前制作,对绑扎中钢筋先后穿入,应事先仔细安排先后绑扎程序,以免无法穿入,强行撬弯成品,绑扎应绑八字扣,底板、顶板钢筋在绑扎过程中,由外向内有五道钢筋满扎,不得采用梅花形扎法,内部可以采用梅花形扎法。

绑扎钢筋采用20号镀锌铁丝,绑扎前应先在垫层表层按设计钢筋间距进行画线。双层钢筋网片之间,应布设钢筋撑脚,撑脚钢筋直径应符合设计要求,且撑脚钢筋下应增设混凝土保护垫层。

底板上下层钢筋网片就位、绑扎结束后,方可安装侧墙钢筋。外侧墙钢筋安装前,应先在底板外垫层上搭设钢管脚手架,竖筋则固定在脚手架钢管上。脚手架上用短钢管悬挑,纵向用通长钢管固定,钢管外皮应从垫层上控制线用线锤吊上,确保竖筋的保护层正确。水平筋绑扎应由基础上所弹的水平标高线量上,做到横平竖直、间距均匀,符合设计要求。内外层钢筋网片之间应增加拉结筋,拉结筋应设置在最外层的钢筋上,用铁丝绑扎牢固,必要时用电焊焊接,并且呈梅花形布置。绑扎完毕后,在网片内、外侧悬挂混凝土保护层,确保受力钢筋的位置正确,防止露筋。中隔墙钢筋采用人工逐根立起,插入底板钢筋网片之中,竖筋与底板上层钢筋之间采用焊接牢固,整排钢筋竖好后,采用双向钢筋焊接斜拉及斜抛,防止钢筋网片倾倒。

b.侧墙、中墙钢筋绑扎。侧墙竖向主筋已在底板施工中安装完毕,主要安装水平钢筋,水平钢筋应按已浇筑的基础部分侧壁上所弹的墨线量上,沿主筋设刻度标记(间距按设计要求),逐根绑扎,确保水平钢筋横向平整,间距符合设计要求。

钢筋绑扎过程中,应根据设计图纸要求布设各种预埋管路、预埋铁件及预埋孔、洞等,合理切断或钢筋弯折,应符合设计要求,并按设计图纸要求布设各类构造钢筋,防止遗漏。

(6)模板、脚手架工程

①底板。底板侧面及倒角部分模板均采用竹胶板组拼。框架边墙处浇筑标高为底板倒角以上30 cm,底板及边墙之间倒角处模板采用12 mm厚竹胶板,横带采用8×6 cm方木(间距30 cm),竖带采用在倒角中间位置设置一道双钢管固定,内设 ϕ12 钢筋对拉,并在四周设置 ϕ12 的钢筋固定防止上浮。

②边墙及中墙。壁板模板采用1.2 cm厚竹胶合板及8×6 cm方木组合而成,内外层模板采用对穿螺杆固定,由于U形槽墙体均为防水实体,故对拉螺杆上设置两块止水铁板,铁板与螺杆之间采用双面焊接,铁件采用正方形,尺寸不小于 5 cm×5 cm。

U形槽为开口式,即上部无顶板,故在壁板两侧搭设1.5 m宽的脚手架,采用 ϕ48 建筑钢管搭设,立杆间距不大于1.5 m,步距不大于1.5 m,顶部设置斜抛杆件及 ϕ8 缆风绳,缆风绳采用基础底板预埋弯钩,用花篮螺栓拧紧。由于壁板高度较高,故斜抛撑采用上、中二道设置。

离底板面20 cm内设纵横向扫地杆,整个支架均应设置剪刀撑,每根剪刀撑跨越立杆的根数应在5根之间,每道剪刀撑度宽不应少于4跨,斜杆与地面的倾角宜在45°～60°。剪刀撑斜杆的接头除顶层可以采用搭接外,其余各接头均采用对接扣件连接,剪刀撑斜杆应用旋转扣件固定在立杆上,对受条件限制必须固定在水平杆上的,扣件与主节点间的距离不应大于10 cm。

(7)混凝土工程

①底板混凝土施工。底板浇筑前将侧墙上部竖向主筋提前绑扎预埋好,以便下一步施工侧墙上部时方便。底板浇筑时注意沉降缝位置,预埋橡胶止水带及相关防水设施,具体见本方案关于沉降缝施工部分的内容。

为加强两次浇筑混凝土的连接和保证框架整体防水性能,按要求在施工缝位置埋设止水钢板和遇水膨胀止水条。浇筑底板前将垫层顶面冲洗干净。

在边墙施工之前,应对已硬化的混凝土表面进行凿毛处理并充分湿润,但不应有积水。凿毛后露出的新鲜混凝土面积应不低于总面积的75%。凿毛时混凝土强度应不低于10 MPa。

纵向施工缝防水构造如图4-27所示。

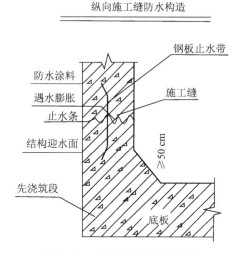

纵向施工缝防水构造

图 4-27　纵向施工缝防水构造

②边墙混凝土施工。底板混凝土达到设计强度的70%后,方可搭设支架、立模、绑扎钢筋、一次性浇筑边墙混凝土。

边墙混凝土浇筑前,先将施工缝处的松动石子或松散混凝土层凿除,并用水冲净、湿润,但不得存有积水;然后再浇筑混凝土。混凝土的入模温度不宜高于30 ℃。

浇筑混凝土前,模板内的杂物、积水和钢筋上的污垢应清理干净。模板如有缝隙,应填塞严密,模板内面应涂刷脱模剂。

本段框架混凝土采用项目部搅拌站混凝土供应,汽车泵泵送入模。

混凝土浇筑应分层对称,连续进行,如因故必须间断,其间断时间应小于前层的初凝时间和能重塑的时间。混凝土振捣若有浮水(清水)析出,应在不扰动已灌筑混凝土的条件下及时排出(如用海绵吸水),不得将水引向模板边缘或从模型缝中放出。混凝土浇筑时要合理安排,工序之间应有足够的配合能力。分层浇筑时,混凝土铺设应尽可能使各层厚度均匀,表面大致水平。混凝土的分层厚度应当在振动棒的合理振捣下使上下层结合成整体,一般分层厚度为30~40 cm。要保证各层之间在混凝土处于塑性状态下浇筑完毕,以免形成冷缝。

混凝土振捣采用插入式振动棒,边振边将振动棒慢慢提起(快插慢提),严禁欠振漏振。每一振点的振捣延续时间为30 s,以混凝土不再沉落、不出现汽泡、表面呈现浮浆为准,振动棒的振动范围要控制在30 cm以内。

制作三组混凝土试件,同条件养护两组,标准养护一组。2天拆模前压一组同条件养护试块,7 天顶进前压一组同条件养护试块,最后一组在标准状态下养护 28 天后送交试验室,做抗压强度试验。

混凝土的浇筑自前端起至后端,施工时应严格控制混凝土的分层厚度和分层间隔时间,混凝土的分层厚度控制在 30 cm 以内,间隔时间不大于 1 h。混凝土浇筑时的自由下落高度不得超过 2 m,否则设串筒(边墙施工设串筒)。

浇筑混凝土期间,应设专人检查支架、模板、钢筋和预埋件等的稳固情况,发现有松动、变形、位移时应及时处理。混凝土浇筑速度不大于 2.0 m/h。

混凝土浇筑过程中,设专人对支架架体和地基、基础进行观察和监测,发现变形异常或有异常声音时,应立即撤出作业人员,再妥善采取处置措施。

(8)混凝土养护

混凝土浇筑完毕后及时进行养护,混凝土带模养护期间,采取土工布覆盖、喷淋洒水相结合的方式进行保湿、潮湿养护,保证混凝土处于湿润状态,养护水温与混凝土表面温差不得大于 15 ℃。养护用土工布使用方木等材料压盖牢固。养护采用塑料水管接自来水均匀浇洒,养护时间不得少于 14 天,每天三遍(早、中、晚)。养护期间混凝土的芯部温度不宜超过 60 ℃,最高不应大于 65 ℃,混凝土芯部温度与表面温度之差、表面温度与环境温度之差不宜大于 20 ℃。

(9)支架、模板拆除

顶板混凝土强度达到设计强度的 100%后,方可拆除模板及支架,拆模时应根据同条件养护试块强度记录达到规定时间,且必须现场技术负责人同意后方可拆模。

拆除模板的顺序、方法及措施必须按施工说明规定办理,应后装先拆,先装后拆、先拆侧模、后拆底模,先拆除非承重部分、后拆除承重部分。拆模时不得用撬棒重锤硬撬硬击,应按规定及施工顺序清理,运送至指定位置堆放,堆放时应平放,如需竖放,应有可靠的安全措施。严禁抛掷、撞击、脚踩等损坏模板的行为。

拆模时下方不能有人,拆模区应设置警戒线,以防有人误入被砸伤。拆除的模板向下运送传递,要上下呼应,不能采取猛撬以致大片塌落的方法。

已经活动的模板,必须一次连续拆除完方可停歇,以免落下伤人。拆除时必须设置拆除工作平台或架子。拆除模板时应有专人负责看护指挥,并有相应的安全防护措施;拆除后的模板立即组织人员进行清理,涂刷隔离剂并按类别、规格、编号堆放整齐。

(10)帽石、栏杆

U 形槽两侧回填完毕后施工帽石,然后安装不锈钢栏杆。帽石钢筋剖面图与不锈钢栏杆立面图见图 4-28 和图 4-29。

2)路面铺装

机动车道路面结构层从下至上依次为:底板→18 cm 3%水泥稳定碎石→20 cm 4%水泥稳定碎石→20 cm 4%水泥稳定碎石→0.6 cm 乳化沥青稀浆封层→7 cm 中粒式沥青混凝土→4 cm 细粒式改性沥青混凝土。

帽石钢筋剖面图

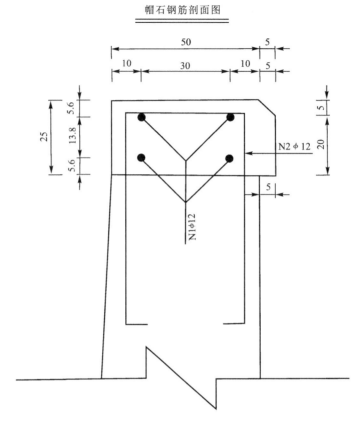

图 4-28　帽石钢筋剖面图

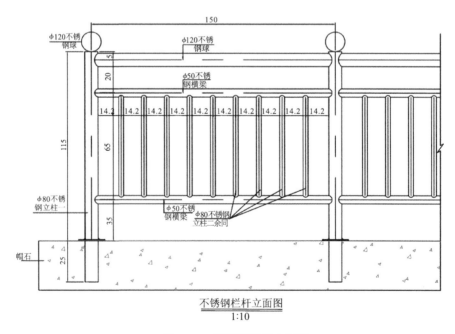

不锈钢栏杆立面图
1:10

图 4-29　不锈钢栏杆立面图

非机动车道:底板→素土→16 cm 3%水泥稳定碎石→16 cm 4%水泥稳定碎石→0.6 cm 乳化沥青稀浆封层→5 cm 中粒式沥青混凝土→3 cm 细粒式沥青混凝土。

人行道:底板→素土→16 cm 级配碎石→15 cm C20 混凝土→2 cm M10 水泥砂浆→6 cm 陶瓷砖。

(1)级配碎石施工

①施工流程图见图4-30。

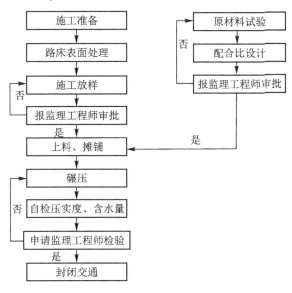

图 4-30 级配碎石施工流程图

②级配碎石垫层施工前准备。在铺筑级配碎石垫层施工前,先检查路床表面的平整度、高程、宽度、横坡、压实度、弯沉等各项指标,将路基上的浮土、杂物全部清除,保持表面整洁,符合设计、规范、标准要求。根据招标文件、设计图纸、施工技术规范、标准向作业班组做好技术交底,使其明确施工部位的相关技术要求和指标,并在摊铺过程中及时控制宽度、松铺厚度。

作业前恢复中线、边线,在路基中间、路肩每 10 m 设置高程控制桩,并测量其高程,摊铺时在钢钎上拉钢线控制高程,沿控制桩撒白灰线控制摊铺宽度。

垫层试验段摊铺松铺系数定为 1.31,松铺厚度 26.2 cm,压实厚度 20 cm,松铺系数具体数值根据试验段实际测量取得。整体式路基级配碎石垫层施工(正常段)宽度为 13.67 m,分离式路基级配碎石垫层(正常段)宽度为 14.64 m。

③混合料拌和。在正式拌和混合料前,通过试验确定的配合比,先对所用设备调试(注意设备拌合时间)以及材料含水率进行测试,使混合料颗粒组成和含水率都达到规定的要求。严格控制进场原材料的质量,对进场碎石的级配和压碎值、颗粒组成、扁平料等指标进行检验,杜绝不合格材料进场。

④混合料含水量的控制。每天拌和站开工前必须进行集料含水量的检测,根据气温情

况及运输时间考虑调整用水量,拌和时的混合料含水量略大于最佳含水量0%~1.5%,以弥补混合料在运输、摊铺和压实过程中的损失。

⑤混合料运输。施工前对所有运料车驾驶员进行岗前培训,使每个驾驶员均掌握运输路线、运料顺序、工作程序、注意事项以及发生故障时的处理办法,同时加强汽车的保养,确保汽车正常工作时性能良好,运输时覆盖篷布以免水分流失过快影响施工。

混合料的运输采用大吨位自卸汽车,根据拌和站的生产能力、摊铺速度、运输距离,采用15台自重15 t以上的大型自卸车进行运输。施工过程中为避免摊铺机出现停机待料现象,摊铺机前方有不少于5辆运料车等候,装料前应将车厢冲洗干净。装料按前→后→中的顺序挪动,挪动次数不少于3次,防止混合料离析。

在整个运输过程中,始终做好运输路段的协调和管制工作,在关键路口设置引导车辆行驶的标示牌,确保运输车辆能及时、准确地将混合料运到施工现场。

⑥混合料摊铺。

摊铺级配碎石垫层之前对验收合格的路基进行清扫、洒水。

摊铺级配碎石垫层混合料时,施工作业面采用2台摊铺机,梯队前后相距5~10 m进行作业,摊铺机速度、摊铺厚度、松铺系数、路拱坡度、振动频率等保持一致,前后两台摊铺机摊铺搭接宽度50~100 mm,以保证平整,搭接位置宜避开车道的轮迹带,尽量放在行车道中央,确保行车道轮迹部位整体质量。

混合料运到现场后,由专人负责对运料车进行指挥倒车,使其在摊铺机前缓慢停下,防止运料车碰撞摊铺机。运料车停在摊铺机前,在待料和卸料过程中解除制动,避免因制动而增加摊铺机的牵引负荷。在向摊铺机料斗内卸料时,运输车要大角度、快速掀起,避免粗集料沿车厢下滚而造成离析。

摊铺机连续不间断作业,均匀行驶,速度一般控制在1~1.5 m/min。避免间断作业造成垫层表面产生波浪和施工缝。

施工路段的纵横坡度及高程由摊铺机感应器沿张紧的钢丝绳自动控制,手工配合调整,并用水准仪进行检验校核。为了确保级配碎石垫层表面平整度,施工过程中经常对摊铺机夯锤的振幅和频率进行检查和观察,保证其正常工作。现场测量人员随时检测摊铺厚度与高程,发生偏差及时调整,确保摊铺高程和纵横坡度满足设计和施工规范要求。

试验检测人员随时检查现场混合料的配合比及含水量,将情况反馈到拌和站并及时对混合料进行调整。

在施工无侧限段落时,边部撒白灰线定出摊铺宽度,同时人工对边部进行补边、拍边修整处理,确保边部密实、无松散、线型直顺美观。

在摊铺过程中设专人消除粗细集料的离析现象,特别是局部粗集料窝应该铲除,并用新拌混合料填补。

为了保证良好、平整的垫层表面,采取下列措施进行控制:

a.在摊铺机向前移动进行摊铺时,摊铺机摊铺槽内混合料布料高度尽量一致,以螺旋叶片高度的 2/3 为最佳,并使螺旋布料器保持运转。

b.减少停机、开动次数,避免运料车碰撞摊铺机。

c.每一垫层作业段尽量一次铺筑完成。

d.减少横向接缝。

e.对做好的横向接缝,立即用 3 m 直尺检验。

f.经常检验控制高程的钢丝线和调整传感器。

g.横坡采用 3 m 直尺、水准仪及时跟进检测。

⑦混合料碾压。混合料摊铺最厚为 18 cm,摊铺完成后,检测松铺厚度、宽度、设计高程和含水量后,压路机全宽进行碾压,严格按照碾压方案施工。

初压:先用 20 t 单钢轮振动压路机静压 1 遍。

复压:用 20 t 单钢轮压路机振压 4 遍。

终压:用 12 t 双钢轮压路机收光碾压 1~2 遍。构筑物边部大压路机压不到边,采用小型振动机具压实。

方碾压时要遵循"高频低振、由低向高、先慢后快"的碾压原则,每次均沿纵向前进,顺原路返回,路面的两侧多压 1~2 遍。压路机碾压时应重叠 1/2 轮宽,压路机初压速度控制在 1.5~1.7 km/h,复压速度控制在 2.0~2.5 km/h,终压速度控制在 2.5~3.3 km/h。碾压过程中技术员现场跟踪检测成品面厚度、宽度、平整度等各项指标;碾压过程中垫层表面应始终保持潮湿,压实时应检测含水量,若发现含水量偏差过大,须及时通知拌和站进行拌合料调整,直至压实度值与碾压方案相对应(若压实度值达不到要求值可增加碾压遍数)。

⑧覆盖及交通管制。级配碎石成型后,封闭交通,级配碎石垫层成品段采用全封闭交通。

⑨接缝和"调头"处理。级配碎石垫层施工,原则上以两个构造物为一个作业段,中间连续施工。若两构造物之间过长,不得不划分几个作业段施工,摊铺时应用方木横向堵头,再进行碾压,对横向接缝采用垂直对接。

尽量避免纵向接缝,采用两台同类型摊铺机相距 5~10 m 的梯队摊铺,前后速度一致、摊铺厚度一致、松铺系数一致,并一起进行碾压,以保证级配碎石垫层厚度一致。

采用摊铺机摊铺混合料,因故中断无法继续摊铺时,应设横向接缝,并按下述步骤进行施工:

a.摊铺机驶离混合料末端,然后用人工将末端混合料处理整齐,紧靠混合料放置三根 4 m 的方木,方木的高度应同混合料的压实厚度相同,整平紧靠方木的混合料。

b.方木的另一侧用混合料回填一定长度,其高度应高出方木几厘米。

c.将混合料碾压密实,采用钢轮压路机在压实的垫层上跨缝横向碾压,并逐渐推进到新铺混合料上,直至碾压密实,再开始纵向碾压。

d.在重新开始摊铺混合料之前,将碎石混合料和方木除去,并将底基层顶面清扫干净,摊铺机返回已压实的混合料末端,重新开始摊铺混合料。

（2）水泥稳定碎石基层施工

本工程水泥稳定碎石基层分两层施工。

①施工流程图见图 4-31。

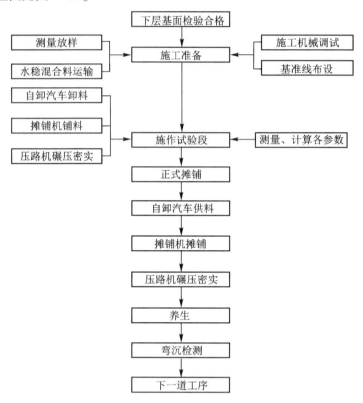

图 4-31　水泥稳定碎石基层施工流程图

②施工准备。

水泥：采用矿渣 32.5 水泥，不得使用快硬、早强水泥以及受潮变质的水泥。水泥进场时，检查水泥的出厂合格证及厂家的化验报告，严禁使用没有出厂合格证或厂家化验报告的水泥。水泥使用前，要按要求对其进行抽样检验，以确定其性能是否满足使用要求。

集料：水泥稳定碎石基层的级配组成采用骨架型级配，其最大粒径不大于 31.5 mm，集料级配范围与所用材料要符合《公路沥青路面设计规范》（JTG D50—2017）的有关规定。

本工程水泥稳定碎石混合料采用拌和站集中拌和，并严格按照设计配合比进行，并根据天气情况，使含水率略大于最佳含水率。水稳施工前派质检专员进行原材料抽检，随时掌握水稳混合料拌和是否均匀，有无粗细颗粒离析现象。

混合料摊铺前，由测量人员在摊铺范围测设标高基准线，基准线标高与摊铺面的坡度一致。

③试验段施工。

通过试验段检查所采用的设备能否满足拌和、摊铺和压实的施工工艺要求。

测定混合料的级配组成、塑性指数、含水量、均匀性、压实度、弯沉值，使混合料达到最佳含水量时的压实系数、压实遍数、压实程序和施工工艺,为正式施工提供技术参数。

检验施工组织是否合理、切合实际,运输路线是否合理,是否满足生产要求。

通过试验段的铺筑,确定正式摊铺时的松铺系数、机械配备在实际施工时的工作效率、各工序的施工时间,以利于施工中和监理工程师对摊铺效果进行检查和评价。

试验段摊铺时,自卸汽车连续、均匀地将拌合料卸入经清扫处理后的二灰土基层中,摊铺过程中适当洒水控尘和调节水泥固化时间。找平完毕后人工对边幅进行切割修整,并洒水覆膜养生。在摊铺过程中采用全站仪对水泥稳定层标高进行检测,计算出最佳松铺厚度、各机械施工的合理时间和施工遍数。

④拌和、运输。基层料采用拌和站集中拌和,水泥稳定碎石中有足够的水泥,水泥可用作矿渣水泥,标号 32.5 号。混合料采用自卸汽车运输,根据计算的单位面积数量打方格网卸车。运输的汽车不可在已完成的基层上行驶,当不得已在已完成的基层上通过时,速度要缓慢,减少不均匀碾压或车辙。卸料时要慢,防止混合料离析。

⑤摊铺。

在进行摊铺前,需对级配碎石垫层进行验收,合格后才进行水泥稳定碎石基层的摊铺。摊铺时气温在 5 ℃ 以上和非雨天才能进行施工。

施工前根据稳定层的设计厚度用边桩挂摊铺线,以控制摊铺高度,摊铺虚铺厚度根据试验确定。摊铺采用摊铺机械进行,人工配合找平及成拱。在摊铺机无法工作的部位,如挡土墙、检查井边,采用人工摊铺,并用打夯机夯实,人工摊铺的压实系数控制在 1.30~1.35。摊铺时采用流水作业方法,使各工序紧密衔接,严格控制标高和平整度,摊铺要平整,粗细料无分层、离析、集中现象。

水泥稳定碎石基层混合料自搅拌至摊铺完成,不应超过 3 h,符合《城镇道路工程施工与质量验收规范》(CJJ 1—2008)的要求。采用机械摊铺混合料时,不宜中断,如因故中断时间超过 3 h,要设置横向接缝,机械要驶离混合料末端。施工中要避免纵向接缝,宜采用两台机械一前一后相隔 5~10 m 同步向前摊铺,并一起碾压。

在施工中不能避免纵向接缝的情况下,要符合《公路路面基层施工技术细则》(JTG/T F20—2015)中 3.5.14 的要求。

水泥稳定碎石基层施工时,严禁用薄层贴补法进行找平。分层进行施工时,下层水泥稳定碎石碾压完后,在采用重型振动压路机碾压时,宜养生 7 天后再铺筑上层水泥稳定碎石。在铺筑上层水泥稳定碎石之前,要始终保持下层表面湿润。在铺筑上层水泥稳定碎石时,要在下层表面撒少量水泥或水泥浆。因本工程施工时间紧迫,要上下两层紧密、连续施工,施工时则在下层完工后的第二天就铺筑上层水泥稳定碎石,利用上层水泥稳定碎石对下层进行养生,但上层不宜用强力振动压路机碾压,以免破坏下层混合料已逐步形成的强度。

水泥稳定碎石基层施工时勿使水泥和混合料遭雨淋,降雨时立即停止施工,但已经摊铺的水泥稳定混合料要尽量碾压密实。

⑥碾压。

混合料摊铺、整平后,立即使用压路机进行压实。碾压遵循"先轻后重,先边后中,先慢后快"的原则,并在水泥终凝前完成。即先用20 t压路机对水稳进行初步稳压,再用20 t振动压路机振动碾压,最后用12 t双钢轮压路机进行收光碾压。碾压遍数、行进速度由试验确定。相邻碾压的轮迹每次重叠的宽度为1/2后轮宽。碾压的顺序为由两侧向路中推进,先压路边两三遍后逐渐移向中心,并检测横断面及纵断面高程。

碾压过程从稳压至碾压成型,设置施工警示牌,禁止一切车辆驶入稳定层施工范围。

若碾压中局部有"弹软"现象,立即停止碾压,待翻松晾干或处理后再压,若出现推移则适量洒水,整平压实。碾压至表面平整,无明显轮迹。

(3)沥青路面施工[27-29]。

①施工工艺流程:施工准备→混合料拌制→混合料运输→摊铺→碾压→接缝处理→开放交通→检验。

②施工准备。

根据批准的目标配合比对拌和机进行调试,确定各冷料仓的供料比例、进料速度。

经检验,底基层各项指标均符合规范要求时,即可进行普通沥青混合料路面的摊铺。

沥青混合料改性添加剂沥青路面的施工,严禁在10 ℃以下以及雨天、路面潮湿的情况下进行。

透层油宜采用高渗透性透层油,用量为1.0~1.2 kg/m²(沥青含量50%)。

黏层油宜采用SBS改性乳化沥青,应保证路面均匀满布粘层油,用量0.5~0.7 kg/m²(沥青含量50%)。

③沥青混合料拌和。集料按沥青混合料的生产要求正常烘干,集料加热温度180~195 ℃;基质沥青加热温度参考沥青黏温曲线确定;烘干后的集料进行二次筛分计量,然后添加矿粉,再加入预定用量的沥青正常湿拌35~45 s;沥青混合料拌和温度为170~185 ℃;出料温度为165~170 ℃。

④运输、摊铺、压实。

运输、摊铺、碾压、开放交通与SBS改性沥青混合料一样,将拌和好的沥青混合料用自卸车(最好不小于20 t)运输到摊铺现场,注意运输时的保温,以防止沥青混合料温度在压实前过度降低。

摊铺温度为160~170 ℃,摊铺系数一般为1.15,摊铺速度一般为2~3 m/min。

摊铺后可以紧跟摊铺机碾压,初压温度为160~170 ℃,复压温度为150~160 ℃;终压温度不低于120 ℃。

压实时,压路机可以紧跟摊铺机,采用"紧跟、慢压、高频、低幅"的方式。

注意压实冷却后开放交通(开放通车温度不高于50 ℃)。

⑤拌和配合比检验。生产配合比一经确定,就不能随意更改。冷料配合比必须每天根据石料含水量进行调整。如果出现严重的溢料、等料现象,必须重新取样进行配合比设计。拌好的沥青混合料应跟踪抽检级配、油石比等指标,发现问题及时调整生产配合比。

⑥混合料运输。

运输车辆:根据运距、拌和产量配备数量足够的自卸汽车,要求运力必须大于拌和机产量,每台汽车载重量不小于 30 t。汽车应有紧密、清洁、光滑的金属底板和墙板,底板应涂一层薄层适宜的防黏剂,但不得有余残液积留在车厢底部。

防黏剂可以采用洗衣粉水、废机油水等,但不宜采用柴油水混合液。汽车必须备有用于保温、防雨、防污染的毡布,其大小应能完全覆盖整个车厢。

装料:装料时汽车应按照前、后、中的顺序来回移动,避免混合料级配离析。无论运距远近、气温高低,装完料后必须覆盖保温毡布,以防止混合料温度离析。

进场:车辆在进入工程现场时,可以在沥青面层前设置湿草袋等措施,确保轮胎洁净,以免造成污染。

⑦摊铺。

摊铺机:改性沥青混合料应采用履带式摊铺机,每台摊铺机应配备两套长度不小于 16 m 的平衡梁和两套自动滑橇。有条件的单位可以采用非接触式平衡梁和沥青混合料转运车。

找平:沥青混合料改性添加剂沥青面层应直接采用双侧平衡梁和滑靴,自动控制平整度和高程。匝道等小半径弯道采用滑靴自动找平方式。在形状不规则地区及次要地区,自控系统不能正常工作时,允许采用人工手控。

摊铺方式:每个作业面应根据铺筑宽度选择摊铺机的数量,通常宜采用两台或更多台摊铺机,前后错开 10~20 m(为了减少摊铺时的温度损失,距离可缩短)。梯形摊铺时,上面层的纵向接缝应设在行车道的中部,中面层和表面层的纵向接缝应与相邻层错开。

摊铺工艺:沥青混合料运至摊铺现场后应凭运料单接收,并检查拌和质量。不符合温度要求,或已经结成团块、已遭雨淋湿的混合料不得摊铺在道路上,混合料摊铺温度控制在160~170 ℃。

施工过程中摊铺机前方应有运料车在等候卸料,开始摊铺时在施工现场等候卸料的运料车不宜少于 5 辆,以保证连续摊铺。运料汽车应停在摊铺机前 10~30 cm 处,不得撞击摊铺机;卸料过程中运料汽车应挂空挡,靠摊铺机推动前进,以确保摊铺层的平整度。

应根据混合料的类型、集料尺寸、厚度等情况选择烫平板的振动频率(一般取高值,约70 Hz)、夯锤行程(一般取低值)、夯锤频率(一般取高值,约 25 Hz),以提高路面的初始压实度。选择螺旋布料器的高度(一般在中心)、螺旋布料器与烫平板的间距(一般在中值),调整烫平板拱度以保证横坡度,选择烫平板的工作仰角等。

摊铺速度控制在 1~3 m/min,应与拌和机供料速度协调,保持匀速不间断地摊铺,不得中途停机。螺旋布料器应保持稳定、均匀的速度旋转,摊铺料位应大于 2/3 螺旋位置。

尽量减少收斗次数,收斗时摊铺机应不等受料斗内的混合料全部用完就折起回收,并立刻准备接收下一台运料车卸料。推铺现场图见图 4-32。

图 4-32 摊铺现场图

⑧碾压。

压实设备:每台摊铺机应配备不少于 2 台 11~13 t 的双钢筒压路机、1 台轮胎压路机和 1 台小型压路机。

压路机组合:应选择合理的压路机组合方式及碾压步骤,以达到最佳压实效果。推荐采用 1 台双钢轮压路机初压,1 台轮胎压路机随后复压,1 台双钢轮压路机在后面终压收光,1 台小型振动压路机碾压左右路缘石或边角等地方。为了保证施工压实度满足要求,中、下面层应采用 25 t 以上胶轮压路机和钢轮压路机联合作业的方式。压路机应以慢而均匀的速度碾压,压路机的碾压速度应符合表 4-9 的规定。

表 4-9　压路机碾压速度　　　　　　　　　　　　　　　单位:km/h

压路机类型	初压		复压		终压	
	适宜	最大	适宜	最大	适宜	最大
振动压路机	2~3	3	—	—	3~5	5
轮胎压路机	—		3~4	4	—	
方式	振动		—		静压	

碾压工艺:压路机应紧跟摊铺机进行碾压,做到"紧跟、有序、慢压、高频、低幅",应尽量保证沥青混合料在高温条件下完成碾压。碾压速度要均匀,起动、停止必须减速缓慢进行,不得随意调头。

初压应在 155~165 ℃下进行,并不得产生推移、裂缝。压路机应从外侧向中心碾压。当边缘有挡板、路缘石、路肩等支挡时,应紧靠支挡碾压。当边缘无支挡时,可用耙子将边缘的混合料稍稍耙高,然后将压路机的外侧轮伸出边缘 10 cm 以上碾压。也可以边缘先空出宽

30~40 cm,待压完第一遍后,将压路机大部分重量置于已压实过的混合料面上再压边缘,以减少向外推移。

复压应紧接在初压后进行,为防止压路机黏附混合料,应尽可能在高温状态下碾压。采用胶轮加钢轮压路机联合作业时,钢轮压路机先前进静压,后返回起振,复压采用轮胎压路机。

终压应紧接在复压后进行,可选用双轮钢筒式压路机或关闭振动的振动压路机碾压,不宜少于两遍,之后消除轮迹,提高平整度。终压温度大于110 ℃。

碾压注意事项:

a.应严格按照试验路段确定程序进行碾压,现场设专人指挥碾压,记录碾压次数。

b.压实后的沥青混合料应符合压实度及平整度的要求,不可过分追求平整度指标而牺牲压实度要求,也不可过压而使剩余空隙率减小。

c.压路机的碾压段长度以摊铺速度平衡为原则选定,并保持大体稳定。压路机每次应由两端折回的位置,阶梯形地随摊铺机向前推进,使折回处不在同一横断面上。在摊铺机连续摊铺的过程中,压路机不得随意停顿。压路机碾压的总长度不宜超过100 m。

d.压路机碾压过程中胶轮压路机严禁洒水,为了防止黏轮,宜采用植物油与水的混合液(1:1)涂抹;双钢轮压路机应严格控制洒水量,以沥青不黏轮为原则。

e.在当天碾压的尚未冷却的沥青混合料层面上,不得停放任何机械设备或车辆,不得散落矿料、油料等杂物。

f.应随时观察路面早期的施工裂缝,发现因过分振动或推移产生的微裂缝应及时采取措施处理。压路机工作现场图见图4-33。

图4-33 压路机工作现场图

⑨沥青混合料改性施工温度控制见表4-10。

表4-10　沥青混合料改性施工温度建议范围　　　　　　单位:℃

施工操作	拌和温度	摊铺温度	碾压温度	终压温度	环境温度
温度要求	175~185	160~170	155~165	≥110	>15

⑩接缝处理。

纵向接缝部位的施工要求:摊铺时梯队作业的纵缝应采用热接缝。施工时应将已铺混合料部分留下10~20 cm宽暂不碾压,作为后摊铺部分的高程基准面,最后再做跨缝碾压以消除缝迹。

横向接缝要求:相邻两幅及上下层的横向接缝均应错位1 m以上。搭接处应清扫干净并洒乳化沥青,可在已压实部分上面用熨平板加热使之预热软化,以加强新旧混合料的黏结。

a.接缝处理:在施工结束时,摊铺机在端部前约1 m处将熨平板稍稍拾起驶离现场,用人工将端部混合料铲齐后再予碾压,然后用3 m直尺检查平整度和厚度不足部分。

b.接缝碾压:横向接缝的碾压应先用双钢轮振动压路机进行横向静压。碾压带的外侧应放置供压路机停顿的垫木,碾压时压路机应位于已压实的混合料层上,伸入新铺层的宽度为15 cm。然后每压一遍向新铺混合料移动15~20 cm,直到全部在新铺层上为止,再改为纵向碾压。当相邻摊铺已经成型,同时又有纵缝时,可先用双钢轮压路机沿纵缝静压一遍,碾压宽度15~20 cm,然后再沿横缝做横向碾压,最后进行正常的纵向碾压。要特别注意横接缝开始后10 m内的平整度。

c.修边:做完的摊铺层的外露边缘应用凿岩机凿齐,或用切割机切割到要求的线位,修边切下的材料及任何其他的废弃沥青混合料均应妥善处理,不得随意丢弃。

⑪开放交通。

a.应待摊铺层完全自然冷却、混合料表面温度低于50 ℃后,方可开放交通。需要提早开放交通时,可洒水冷却降低混合料温度。

b.新铺筑的沥青层在开放交通初期应严格控制交通流量、车速,严禁急刹车、急转弯,做好保护、保洁工作,不得造成污染。严禁在沥青层上堆放土、砂石、砖等杂物,严禁在已铺的沥青层上制作水泥砂浆,严禁停车检修、漏油。

4.11　路基及轨道监测

1)路基沉降监测

本段施工需对陇海铁路进行沉降变形观测,由建设单位招标的第三方单位东网空间地理信息有限公司负责监测方案的编制及实施。施工前一周应取得监测范围既有线路的初始数据,取得首次监测数据后方可施工。施工期间项目管理机构组织监测单位每周对监测情况进行分析总结,形成正式的周分析和月总结,报送监理单位、项目管理机构、设备管理单位及郑州局集团公司建设部核备留存。

(1)数据报送

监测资料主要通过以下形式上报:原始数据核备报告、日报表、监测点时间-变形曲线图(始终曲线图)、周报表、预警报告或预警传真和最终监测成果报告。每次测量完成后,监测人员应及时进行数据处理和分析,形成当日报表和监测点时间-变形曲线图,提供给相关单位。对监测项目的判断性结论有正常、异常和危险三种。当监测达数据到预警值时,先以电话的形式上报,同时以书面形式,确保数据信息反馈及时,以最快的方式提交日报表,在日报表上对超限数据用明显的警示标记提示,并详细说明预警位置、超限时间等预警信息。

设备管理单位、施工单位、监理单位、第三方监测单位建立信息联动机制,组建监测微信群,每日实时发送监测数据报告,对监测数据进行统计、分析,及时掌握施工变化情况,每天召开方案制订会汇报具体监测情况。

每周定时报送上一周的纸质盖章版沉降监测报告。实时共享监测数据,指导施工,观测成果每日一报,每月做一次资料分析,并提交监测月报;整编成果应考证清楚、项目齐全、数据可靠、方法合适、图表完整、说明完备。

①监测日报:监测期间,每日提交当日监测日报,日报包含各项监测数据的成果。

②监测月报:整个项目监测期间,次月初提交上月的监测月报,月报包含各项监测数据的成果及分析。

③总结报告:在项目监测结束后,提交监测数据成果及数据处理分析报告,并提交本项目的技术总结报告。

监测过程中,如沉降或平面位移变形量达到警戒值,或变形发生突变时,则增大监测频率并提交日监测报告。

(2)监测频率

本项目主要监测施工影响范围内的路基及桥涵,均采用一等监测。监测频率表见表4-11。

表4-11 监测频率表

监测周期	监测等级	监测频率
施工期间	一等	1次/2 h
	二等	8次/天
	三等	4次/天
竣工一个月内	一等	4次/天
	二等	2次/天
	三等	1次/天
竣工一个月后	根据是否达到停测标准确定是否继续监测	

（3）预警机制

监测单位与施工单位共同建立应急联动小组，对观测结果实时共享、分析，指导施工方施工。

2）轨道监测

（1）系统功能介绍

针对下穿普速铁路立交工程桥涵顶进施工需长期慢行的施工项目，采用"铁路线路轨道状态自动监测系统"（以下简称"监测系统"）可对施工地段轨道线路的轨距、水平、高低、轨向、三角坑等轨道几何状态实施全天候的实时自动监测，通过监测数据综合分析判定轨道线路的几何尺寸是否超出容许偏差管理标准，实现监测数据实时显示和超限状态及时报警功能。路基监测预警机制见表4-12。

表4-12　路基监测预警机制

	控制标准/mm		预警处理
	路基竖向位移	路基水平位移	
累计量预警值	±6	±4.2	累计量达到预警值时，应增大监测频率（主要影响区提升至1 h 1次，一般影响区提升一级制订相应的监测频率）
累计量报警值	±8	±5.6	累计量达到报警值时，加强监测，自检数据并立即通知铁路相关部门及相关单位（建设、设计、施工、监理）共同商议确定，同时应对施工方案、管道施工进度等做检查和完善
控制值	±10	±7	累计量超出控制值时，施工单位立即停工，加强监测，自检数据并立即通知铁路相关部门及相关单位（建设、设计、施工、监理）共同商议，同时组织专家分析原因和制定相应的控制措施

监测系统替代了人工上道检查的传统模式。施工单位可根据系统的监测结果对轨道线路超限处进行针对性的整修，减少人员上道次数，这样既可降低营业线施工人员的人身安全风险，又能确保铁路行车安全。

（2）系统设备组成及功能

监测系统由A型和B型检测装置、室内系统主机、数据采集通信分机、连线转接盒及线缆等四部分组成，本项目计划在京广铁路上、下行线各布置A型检测装置3组、B型检测装置3组。系统设备在工地分布如图4-34所示。

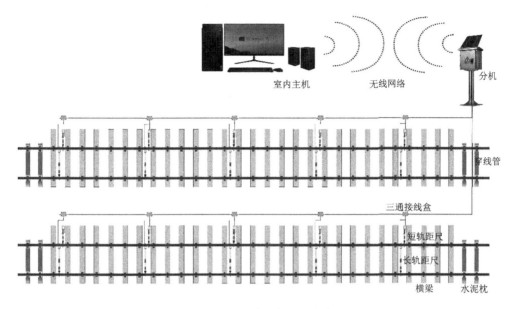

图 4-34 系统设备平面分布

A 型和 B 型检测装置通过连线转接盒及线缆与数据采集通信分机相连,获取电源和接收数据,采集通信分机下达的命令,上传检测数据。

数据采集通信分机采用太阳能或外引 AC220 供电,通过连线转接盒及线缆电器连接 A 型和 B 型检测装置,以轮询方式采集获取数据并以无线网络方式上传给室内计算机。

室内计算机可实现数据采集与分析处理,功能包括:

①实时采集工地相应位置安设的检测装置的检测数据,包括轨道的轨距偏差及外轨相对基准轨高差、基准轨与 D 型梁横梁之间的相对位移量和高差变化。

②基准设置:基准设置为 D 型梁纵梁人工输入相关参数提供窗口,输入内容包括 D 型梁上所设监测点的股道、位置对应的水平基准和垂直基准值。

③查询历史:对采集的数据自动存入数据库,系统可管理记录数大于 100 万条,可按时段查看轨道、横梁、纵梁各监测点的位移及高差数据,并能从波形显示。

④系统设置:这项设置有两部分报警阈值输入。一是《普速铁路线路修理规则》(铁总工电〔2024〕73 号)规定的"线路轨道静态几何不平顺容许偏差管理值"送入报警阈值;二是振动传感器甄别施工区段是否有列车通过时的 3D 阈值输入。第二项参数的设置是为监测系统实现静态几何尺寸检测超限报警,暂不对列车动态通过时报警。

⑤超限报警:监测系统实时检测轨道线路静态几何尺寸,并与容许偏差管理值进行比较,实现分级超限声音报警,计算机将弹窗显示时间、地点及报警类别(包括轨距、水平、高低、轨向、三角坑),并对报警信息进行人工确认管理。

⑥系统管理设置:系统设立用户管理及密码设置功能,对使用本系统的管理人员进行管理。

（3）检测装置及主要技术指标

①检测装置：包括机械和电子两部分，机械部分主要是铝制型材杆体和固定卡具，电子部分包括电路板、按键、液晶显示屏。

电路板CPU采用ST系列嵌入式单片机，监测外围位移传感器和倾角传感器，获取相应几何尺寸数据，并将检测数据送至液晶显示屏。

检测装置有A型和B型两种。A型检测装置架设在两股钢轨之间，可以检测获取基准轨与另一股钢轨之间的轨距和水平高差变化；B型检测装置架设在基准轨与D型梁的横梁之间，可以检测获取基准轨相对横梁的水平位移量及高差变化。传感器布设间距为6.25 m。其外观效果见图4-35。

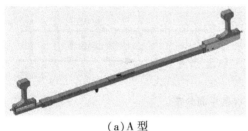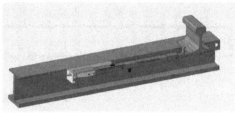

（a）A型   （b）B型

图4-35 A型和B型检测装置示意图

②主要技术指标。

A型检测装置铝型材规格：40 mm×30 mm×1268 mm（厚度3 mm）；

B型检测装置铝型材规格：40 mm×30 mm×592 mm（厚度3 mm）；

监测精度：0.1 mm；

误差：≤1 mm；

系统单次测量时间：≤60 s；

轨距测量范围：1425～1456 mm；

超高测量范围：−24～24 mm；

供电电压：DC 12 V；

工作温度：−20～+60 ℃。

（4）设备安装过程

设备安装过程在天窗内完成，设备管理单位现场监督安装。

安装过程注意事项：

①设备安装人员服从现场工务部门、监理单位和安全员的指挥。

②设备安装人员根据设备分布平面图安装传感器及连线；设备数据线需要妥善保护、固定，轨道区域数据线使用波纹管保护后用道砟掩埋，纵梁区域数据线在钢梁上绑扎固定，横穿轨道的数据线需要用道砟掩埋，掩埋深度大于等于钢轨下沿10 cm。

③获取初始值设置数据：设备安装人员用标准轨距尺监测各监测装置位置的轨距和超高，并填写"监测装置距超高初始值记录表"，作为上位计算机初始值设置的原始资料。

④分机安装及连线:分机是数据采集和上传的环节,分机设置于轨道隔离网之外。

⑤室内计算机安装。

⑥监理单位共同监督施工方设备上道后的绝缘性能检测。

(5)系统通信的实现

数据采集通信分机与室内主机之间采用网络方式通信,通信模式如图4-36所示,其边缘端由数据采集通信分机对应配置,管理端是室内计算机。

图4-36 监测系统网络通信模式

系统通信采用透传式通信设备,支持5G全网通,工业级设计,内设硬件"看门狗",有高效率、低延时的特征,可实现边缘采集、云端采集、云端数据中转,支持网络透传、协议透传。

SIM卡配置:为实现网络通信,系统用户需申办两张SIM卡插入通信设备指定位置,为系统网络数据及通信数据流量提供费用支持。

(6)分级预警范围

以《普速铁路线路修理规则》(铁总工电〔2024〕73号)规定的"线路轨道静态几何不平顺容许偏差管理值"限速80 km/h计划维修标准为一级预控制值,限速80 km/h优先维修标准为二级预控制值,限速80 km/h临时补修标准为三级预控制值。分级预警发布标准见表4-13,分级预警发布范围见表4-14。

表4-13 分级预警发布标准

项目		一级预警	二级预警	三级预警
轨距		7	9	16
		−4	−4	−8
水平		6	10	17
高低		6	10	19
轨向		6	10	15
三角坑	缓和曲线	6	7	8
	直线和圆曲线	6	9	13

盯控过程中,每4 h人工记录监测数据一次,比对当前数据与历史数据的变化情况。

系统运行中,监测系统未出现警报(监测数据小于限速80 km/h计划维修标准),但经过人工数据比对发现监测数据存在趋势性变化、突变情况,应发布超前预警。

表 4-14　分级预警发布范围

预警级别	预警范围	预警对象
三级预警	限速 80 km/h 临时补修标准	代建单位、项目部、监理单位、工务单位
二级预警	限速 80 km/h 优先维修标准	项目部、监理单位、工务单位
一级预警	限速 80 km/h 计划维修标准	项目部、监理单位
超前预警	小于限速 80 km/h 计划维修标准, 但发生趋势性变化、突变情况	项目部

（7）分级预警处置流程

①三级预警。盯控中发现系统持续发出警报,现场排除监控设备损坏和轨道整修后,盯控人员应立即在监控工作群内发布警报,同时盯控人员应联系业主、项目部、工务、监理方汇报监测数据,并配合核实处置。盯控人员填写"轨道状态自动监测系统设备异常情况处置记录表",完成监测异常状况记录、监测异常状况处置过程记录、监测异常状况处置结果记录,盯控人员与项目部相关人员签字确认。

②二级预警。盯控中发现系统持续发出二级预警,排除现场监控设备损坏和轨道整修后,盯控人员应立即在监控工作群内发布二级预警,同时盯控人员应联系项目部、监理方汇报监测数据,并配合核实处置。盯控人员填写"轨道状态自动监测系统设备异常情况处置记录表",完成监测异常状况记录、监测异常状况处置过程记录、监测异常状况处置结果记录,盯控人员与项目部相关人员签字确认。

③一级预警。盯控中发现系统持续发出一级预警,排除现场监控设备损坏和轨道整修后,盯控人员应立即在监控工作群内发布一级预警,同时盯控人员应联系项目部汇报监测数据,并配合核实处置。盯控人员填写"轨道状态自动监测系统设备异常情况处置记录表",完成监测异常状况记录、监测异常状况处置过程记录、监测异常状况处置结果记录,盯控人员与项目部相关人员签字确认。

④超前预警。盯控中用人工数据比对监测数据,发现存在趋势性变化、突变情况,排除现场监控设备损坏、轨道整修和温度变化原因后,盯控人员应立即向项目部发布超前预警(监测数据小于限速 80 km/h 计划维修标准),并配合核实处置。盯控人员填写"轨道状态自动监测系统设备异常情况处置记录表",完成监测异常状况记录、监测异常状况处置过程记录、监测异常状况处置结果记录,盯控人员与项目部相关人员签字确认。

（8）分级预警应急处置措施

一级预警应急处置措施:

①自动化监测现场负责人接到预警信息后立即通知施工负责人。

②施工负责人指派线路巡养工在路肩上对线路状态进行目视检查,检查线路状态是否变化,同时通知线路巡养组做好上道维修准备。

③若目视线路状态无变化,施工负责人联系数据监测室再次确认监测数据。若预警取消则撤出养护人员;若数据仍存在异常,施工负责人应立即向车站申请 5 min 小点进行线上检查。

④人工检查确认线路状态不超预警值,则自动化监测负责人检查设备状态。若有故障,则在天窗点内进行调试更换;若无故障,则检查人员立即下道。

⑤若线路状态达到预警值,加大路肩目视检查和数据观测频次,进行连续观测,直至列车通过确认监测数据稳定,可在次日天窗点内进行整修养护。若监测数据持续增长并达到二级预警,立即启动二级预警应急处置措施。

二级预警应急处置措施:

①自动化监测现场负责人接到预警信息后立即通知施工负责人。

②施工负责人指派线路巡养工在路肩上对线路状态进行目视检查,检查线路状态是否变化,同时通知线路巡养组做好上道维修准备。

③若目视线路状态无变化,施工负责人联系数据监测室再次确认监测数据。若预警取消则撤出养护人员;若数据仍存在异常,施工负责人立即向车站申请 5 min 小点进行线上检查。

④人工检查确认线路状态不超预警值,则自动化监测负责人检查设备状态。若有故障,则在天窗点内进行调试更换;无故障则检查人员立即下道。

⑤若线路状态达到预警值,施工负责人立即启动应急处置措施,通知驻站联络员申请临时维修天窗进行线路整修。

⑥临时整修后设备状态消除预警,经设备管理单位签字确认后,施工负责人通知作业人员下道,撤出防护并通知驻站联络员销记。

⑦加大路肩目视检查和数据观测频次,进行连续观测,直至列车通过后确认监测数据稳定不超预警值,人员方可撤出网外。

三级预警应急处置措施:

①自动化监测现场负责人接到三级预警信息后立即通知施工负责人、监理、设备管理和建设单位。

②施工负责人立即停止施工作业,启动应急预案,通知驻站联络员报告车站值班人员请求要点处理,防护人员立即按既有线施工防护规定设置停车牌,并发出紧急停车信号。

③施工负责人立即安排线路巡养组通过回填道砟、人力捣固进行整修,加强线路状态的稳定。

④整修完成后人工检查确认线路状态达到放行条件,经监理单位、设备管理单位签字确认后,施工负责人通知作业人员下道,撤出防护设施并通知驻站联络员销记。

⑤加大路肩目视检查和数据观测频次,进行连续观测,在列车通过后确认监测数据稳定,人员方可撤出网外。

第 5 章

目标及保证措施

5.1 安全目标及保证措施

5.1.1 安全目标

确保既有线行车安全,杜绝铁路交通一般 D 类及以上事故;杜绝安全生产一般及以上事故,杜绝从业人员因工死亡及重伤事故。无机械设备责任事故;无责任火灾事故;无重要器材设备被盗和爆炸事故;无责任交通事故,实现安全生产无事故工程的目标。

5.1.2 安全保证体系

按照《职业健康安全管理体系 要求及使用指南》[30](GB/T 45001—2020)的要求建立项目安全生产保证体系,制订安全包保责任制,逐级签订安全承包合同,达到全员参加、全面管理的目的,充分体现"管生产必须管安全"和"安全生产,人人有责"。安全保证体系如图 5-1 所示。

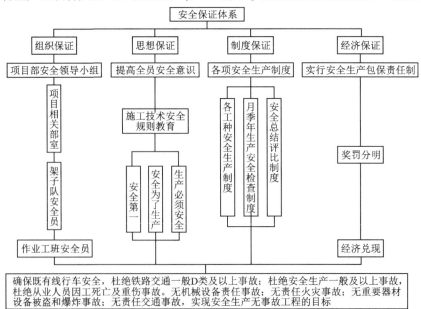

图 5-1 安全保证体系

5.1.3　安全保证措施

成立以项目经理为组长的施工领导小组,以营业线行车安全为首要职责,严格遵守郑州铁路局有关营业线施工安全规定,建立健全安全生产管理制度,逐级签订安全生产责任书,制订安全保证措施,定期检查并召开安全会议,发现问题及时解决,抓好安全预防,开展预想、预测、预防活动,把不安全的因素消灭在萌芽状态。

(1)认真学习落实郑州铁路局文件及公司既有线施工的相关管理规定,牢固树立"安全第一,预防为主"的指导方针,落实安全生产责任制,在施工前对全体施工人员进行安全培训。

(2)严格执行《铁道技术管理规程》《铁路行车组织规则》《铁路施工规范》《铁路工程施工质量系列验收标准》《铁路施工安全技术规程》《铁路工务安全规则》以及郑州铁路局下发的安全文件,坚持标准化作业,认真落实三级施工责任制,严格执行"四不准""五到位",严格控制作业过程。杜绝惯性违章事故发生,确保行车及施工安全。既有线施工必须把行车安全放在首位,坚持"安全第一,预防为主"的方针,责任清楚,措施具体,管理到位。牢固树立安全意识,严格执行《建设工程安全生产管理条例》及既有线施工安全管理和各项规章制度,建立健全安全责任制。

(3)要点施工方案须经上级主管部门审核后方可实施,施工前应与设备管理单位分别签订施工安全协议书,并要明确双方的责任和义务、施工责任地段和期限、安全防范内容和措施等。

(4)施工前研究施工任务、施工方案,严格按照审定的施工要点方案、施工范围和批准的封锁、慢行计划组织施工。明确作业程序和职责分工,明确责任,组织施工人员学习安全技术措施,明确作业方法、施工步骤。每次施工前,施工负责人要组织施工人员进行安全教育,学习郑州铁路局下达的给点命令,做到合理安排人力、材料、机具,人各有责,责任到人,物各有主,分工明确。

(5)要点施工要认真做好防护,防护人员必须经过培训,没有合格证、培训证坚决不准上岗,要配齐防护备品,按规定插施工作业牌、防护牌,施工负责人与车站及两端防护人员有可靠的对讲机、电话联系。

(6)施工前应对施工人员进行岗前安全技术教育,认真学习要点施工安全技术措施,真正做到记名式教育。

(7)驻站联络员按规定办理申请要点,消点有关手续,及时准确向施工负责人传达封锁施工起讫时间和命令内容,及时通报列车运行情况。

(8)驻站联络员和项目负责人必须配备双重联络通信工具(手机、对讲机),确保信息及时畅通、准确无误。

(9)邻近行车线施工,堆放物料、机具应满足建筑限界要求,防止撬杠等金属工具联结轨道电路。

(10)施工中施工负责人全程掌握施工进度,严格把握施工质量,注意作业安全,及时解决出现的不安全因素,与防护员经常联系。

(11)与设备管理单位的安全监督检查员密切配合,对安全监督检查员提出的意见,施工负责人立即整改。

5.2 质量目标及保证措施

5.2.1 质量目标

严格过程控制,消灭一切质量事故,杜绝影响企业信誉的恶性事故。克服质量通病,确保结构安全和使用寿命,实现主体工程零缺陷,交验工程质量达到国家、行业验收标准,符合设计文件和相关技术规范要求,以正式工程的标准建设临时工程,实现单位工程一次验收合格率100%。

5.2.2 保证措施

1)质量管理制度保证措施

(1)建立施工前的技术交底制度。施工前,技术负责人亲自抓技术交底工作,将工程特点、工程内容、施工部署、施工方法、施工顺序、进度安排、设计要求和规范要求等以书面形式向各部门和工程队施工管理人员进行详细的技术交底。施工阶段由项目经理部技术人员和工程队技术主管将单位、分部、分项工程的工程内容、结构特点、操作要求、技术标准等向现场技术人员及领工员进行交底。现场技术交底是现场技术人员向领工员和作业人员进行分项技术交底。

(2)检测试验机构许可制度。结合本工程特点,试验室选用资质合格的试验单位,委外检测的检测机构申报监理单位和建设单位,经审查合格后方可实施委外试验。

(3)工程质量检测试验制度。严格工作程序,规范操作方法,按规定项目和频率对原材料和工程质量进行检测试验,凡需验证的试验项目必须有监理工程师在场监督进行;桥梁基桩等无损检测,由施工单位选定检测单位统一进行,如监理或建设单位对检测结果有异议,由监理或建设单位委托第三方复检,合格费用由监理或建设单位承担,否则由施工单位承担。

(4)建立严格的原材料、成品、半成品进场验收制度。严格审查供应商资质,实行市场准入制度,在合格供应商范围内进行招标,同时优先选用业主指定的合格供应商,重要材料实行驻场监造。试验部门按规定程序和频率,分别进行出场、进场和过程检验,并提供检测报告。对采购进场的原材料及成品、半成品要由质检工程师组织进行验收。参加验收的人员包括质量、技术、试验、物资部门的有关人员。不合格材料严禁使用,并及时清退。

(5)建立健全原材料、成品、半成品的管理制度。对检查合格、同意进场的原材料、成品和半成品采取分类、分批堆放,并设立标志,坚持按用途归口保管、发放,不得混杂。对易受潮的物品做好防雨、防潮工作。

(6)建立"五不施工""三不交接"制度。"五不施工",即未进行技术交底不施工;图纸和技术要求不清楚不施工;测量桩和资料未经换手复核不施工;材料无合格证或试验不合格不施工;工程不经检查签证不施工。"三不交接",即无自检记录不交接;未经专业人员验收合格不交接;施工记录不全不交接。

(7)施工过程质量检查制度。严格执行工程质量"三检"制度(自检、互检、交接检),真实填写检查记录,及时向监理工程师报检;凡施工质量验收标准中规定需要设计人员参加的工序检查,由监理工程师会同设计人员一起参加。未经监理工程师检查合格并签字的工序,不得进行下道工序施工,在每道工序完成后,及时报告监理工程师到场进行检查和签字认可。施工中杜绝不合格工程进入下道工序,严禁不合格材料进入施工现场。

(8)建立严格的隐蔽工程检查签证制度。隐蔽工程项目,首先由队、项目经理部逐级进行自检,自检合格后,会同监理工程师一起复检,检查结果填入验收表格,由双方签字。

(9)建立测量计算资料换手复核制度。测量资料,须经换手复核,最后交项目技术负责人审核后报监理工程师批准。现场测量基线、水准点及有关标志进行定期复测检验。

(10)建立仪器设备的检定制度。测量仪器、试验设备、各种仪器仪表、计量器具按照《中华人民共和国计量法》规定进行定期或不定期的检定。新购置的和在用的仪器设备均需要进行检定,取得合格证书后方可使用。工地设专人负责计量工作,设立仪器设备档案,以备监督和检查。

(11)定期检查制度。项目经理部每半个月进行一次质量大检查;各施工队每周进行一次工程质量检查;各工班和质检工程师负责施工单元的日常质量管理、质量措施的落实和检查,随时对工程质量进行抽查。

(12)建立质量管理会议制度。项目经理部每周召开质量安全会议,针对工程存在的质量和安全等问题进行分析并确定整改方案和整改完成时间。每次到场人员应签会议签到单,作为本部质量控制档案保存。

(13)工程施工质量验收评定制度。各分项、分部工程施工完毕后,由质量检验员及时进行质量检验评定,上报监理工程师验收,合格后方可交由下道工序施工,并保存验评记录。各分项、分部工程完工后,由质量检验员组织分项、分部及单位工程汇总,并保存验评工程汇总记录。

(14)严格质量事故处理制度。发生工程质量事故后,事故部位或工点应采取措施防止事故扩大,并保护施工现场,责任部门按规定及时逐级上报,报告内容包括事故发生的时间、地点、工程项目,事故发生的简要经过,损失情况,发生原因的初步分析,采取的应急措施及事故控制情况,处理方案及工程计划,并开展调查和处理工作,妥善保管有关资料。工程质量事故处理按"四不放过"(即事故责任者没有处理不放过,原因不清不放过,责任者和群众没有受到教育不放过,无防范措施不放过)的原则,提出书面报告。对事故责任者根据情节给予处理。对因失职、渎职而造成重大质量事故者,追究责任者的法律责任。对监理、设计、建设单位及相关部门检查提出的问题或整改指令,各部门按期整改和落实,重要质量问题逐级上报。

(15)工程质量举报制度。在现场工程告示牌上,公布工程质量举报电话及网络邮箱,实现社会质量标准监督。由质量管理部门负责受理和处理,并对举报人严格保密。

(16)技术质量培训制度。施工前及时对主要管理、技术人员及施工人员进行质量教育和技术培训工作,严格执行规范和操作规程,提高参建各方人员的综合素质。同时加强过程培训,确保全体参建员工人人参加培训,做到先培训后上岗。

2)质量组织保证措施

(1)项目经理部设安全质量部,各施工队设质量检查室具体负责质量管理工作。项目经理部设安全员1人、专职质检工程师1人,各施工队配专职质检员1人。

(2)建立从项目经理、施工队长到操作工人的岗位质量责任制,明确各级分工与管理职责,管生产必须管质量;建立严格的考核制度,实行优质优价政策,将经济效益与质量挂钩。

5.2.3 人身安全专项保障方案

1)防护组织体系

防护员4人,驻站联络员2人。实行昼夜班制度,既有线施工期间进行24 h防护。

2)相关人员职责及安全卡控点

(1)施工负责人

①负责施工现场的组织指挥工作;

②负责协调解决施工中发生的问题,协调各单位施工作业,掌握施工进度,反馈现场信息,及时向施工协调小组汇报施工情况;

③负责总结分析施工组织、进度和安全等情况,对施工现场的安全负责;

④负责项目质量计划的全面实施,按照质量方针、质量目标和合同约定,使项目工程质量满足要求。

施工负责人安全卡控点要求5-1所示。

表 5-1　施工负责人安全卡控点要求

监控项目	安全卡控要点	检查 (是画√,否画×)
检查内容	特种作业人员、特种设备管理人员作业是否规范	
	现场特种设备是否检验合格、手续是否完备	
	现场人员是否挂牌(持证)上岗,材料机具存放看守是否做到"三清点"	
	软硬隔离是否依规设置	
	施工负责人是否做到"三亲自"(亲自组织编制作业方案、亲自布置作业方案、亲自担任施工负责人)	
	开通线路前是否做到"一确认"(设备状况、工机具清理、人员撤离、防护撤除)	
	劳务工是否有正式工带领	
	作业门管理是否规范	
	一机一人防护是否到位	
	用电是否规范	
	应急制度及备品管理是否齐备	
	封闭网是否全封	
	作业门管理是否规范	
	施工安全"八禁止"是否做到	
	包保干部、监护人员是否到位履责	
	电缆管线是否探挖并有效防护和警示	

（2）驻站联络员

到运转室负责施工联系、登记、销点等有关事宜,及时了解车站值班员办理区间闭塞或接到邻站发车及办理本站发车前、开车后等手续以及临时变更情况,确认后,立即向工地防护员发出预报、确报或变更通知。施工完毕后,驻站联络员得到现场施工负责人认定施工完毕具备开通条件的指令后,方可办理销点手续。施工期间须配备足够的通信工具,保证驻站员与现场联系畅通,并及时向车站值班员汇报施工进度及施工情况。

与现场防护员联系不上时,应立即报告车站值班员;在列车邻站开出(通过)前仍联系不上现场防护员时,应通知车站值班员扣停列车。驻站联络员必须在得到施工负责人现场作业人员全部撤离工地的通知后方能离开行车室。

驻站联络员安全卡控点要求如表 5-2 所示。

表 5-2　驻站联络员安全卡控点要求

监控项目	安全卡控要点	检查 (是画√,否画×)
检查内容	着装是否规范	
	是否参加预备会(日生产会),是否清楚自己当日作业职责	
	是否规范执行 3~5 min 联系一次	
	预告、确报是否及时	
	登销记程序是否依规	
	应急处置知识是否掌握	
	驻站联络员是否提前 40~60 min 到岗	
	"运统-46"登销记是否规范	
	列车信息通报是否及时准确,记录是否完整可溯	
	放行列车条件是否依规确认	

（3）现场防护员

在收到驻站联络员发出的列车预报、确报后,要立即通知施工负责人,同时应加强警戒,监视来车。在任何情况下,如施工地点有影响行车安全的紧急情况而有列车邻近时,防护员应立即向列车显示停车手信号,拦停列车。防护用通信设备必须妥善保管,经常检查试用,保证在使用时性能良好。与驻站联络员通话时,必须严格执行复诵制度,防止错听,并及时记录通话内容。现场检查线路有没有侵限料具。

在上道和转移作业地点前,现场防护员必须与驻站联络员确认无来车信息,联系中断时不得上道,并立即报告施工负责人。发现危及安全时,防护员应果断拦停列车或通知值班员(调度员)扣停列车。

远方防护员与现场防护员要加强联系,必须不间断地瞭望获取来车信息,发现来车后及时通知现场防护员。现场防护员安全卡控点要求 5-3 所示。

表5-3　现场防护员安全卡控点要求

监控项目	安全卡控要点	检查 (是画√,否画×)
检查内容	软硬隔离是否依规设置	
	防护员是否持证上岗	
	着装是否规范	
	防护备品(双旗、喇叭、对讲机、短路铜线、执法记录仪、防护图、火炬等)是否齐全、会用	
	入网前是否试验确定对讲机性能良好(驻站联络员、施工负责人、带班人员、防护员间)	
检查内容	是否执行同出同归制度	
	是否执行跨越股道主叫制度	
	站位是否正确,防护牌位置是否正确,防护盾是否稳固	
	是否规范执行3~5 min联系一次	
	预告、确报是否及时	
	是否检查机具,是否侵限	
	作业人员是否携工具及时下道	
	是否严格执行一机一人防护制度(邻线来车停止作业)	
	施工负责人是否督促下道避车	
	设置撤除程序是否依规	
	应急处置知识是否掌握	
	列车信息通报是否及时、准确,记录是否完整可溯	
	放行列车条件是否依规确认	
	邻线来车时是否停止施工	

3)防护分区

(1)设置防护单元

现场作业组由防护单元构成,防护单元由现场防护员和同一作业组的作业人员组成。结合本次作业内容、现场环境、天气条件和瞭望距离,共设置2个防护单元(上下行各1个)。同一防护单元内沿线路方向防护距离不超过50 m,瞭望条件好的可延长至70 m,本施工项目位于区间直线段,瞭望条件好,按70 m设置,确保作业人员始终处于现场防护员监视范围内。

(2)划定避车安全区

按照营业线上施工作业区长短(本项目按70 m长度)设置,既有封闭网拆除后,在原位设置一道临时隔离网,隔离在点外施工隔离网以外的作业。

点内单线封锁施工时,在两线间设置软隔离,邻线来车时人员停止作业,并不得跨越软隔离。

（3）人员进出网地点、路径

营业线施工时线路东西两侧进行全封闭施工，且两侧各设置 1 处大门并设有门卫 1 名。铁路封闭网拆除前，在陇海上下行线各设置临时封闭网和作业门 1 处。防护员到位后，施工人员和机具一律在两侧作业门完成进网登记。作业结束后，在作业门处完成作业人员和机具的出网登记。

慢行、防护员及作业人员行走路线见附录 6。

（4）下道避车要求

慢行 45 km/h 施工期间，本线来车时，人员在设置的临时隔离网以外作业，不得进入隔离网以内，机械停止作业并把作业臂旋转至远离线路侧。本线封锁时，邻线来车人员拉起软隔离，本线可不下道，施工过程中本线人员不得跨越软隔离。人员下道避车时应面向列车认真瞭望，防止列车上的抛落物、坠落物或绳索伤人。人员下道避车的同时，必须将作业机具、材料移到安全限界处，并放置、堆码牢固，不得侵入建筑限界。

4）安全卡控措施

（1）上道作业安全卡控

①上道作业前，施工负责人要亲自对参与作业的全体人员进行安全教育并做详细记录。上道作业人员必须穿着以黄色为主色调的防护上衣、防护马甲或防护雨衣；现场防护员穿着以橘黄色为主色调的防护服，防护服必须具有 5 cm 宽的反光带。严禁未穿着防护服的人员上道作业。

②驻站联络员和现场防护员上道作业必须持证上岗、携带对讲机等通信设备。现场防护员按相关规定使用停车手信号旗（灯）防护，使用号角鸣示或使用高音喇叭通知作业人员下道避车。作业组夜间作业应携带照明灯具。

③本次"运统-46"的登销记车站为开封车站，防护登记簿存放在车站行车室。防护登记簿由驻站联络员填写，应编页码，封面上注明本单位名称和使用起止时间，使用完毕后由项目部收回保存。

④现场防护员随身佩戴音像记录仪，对进出网（站）、跨越线路、下道避车等环节和联控过程进行录音、录像，音像资料保存期限为 7 天。防护登记簿、录音设备、音像记录仪均以车站行车室时钟为准，时间精确到分钟（有 TDCS、CTC 设备的车站以计算机系统时间为准）。

⑤在一次作业过程中，驻站联络员要对通过施工地点的本线和邻线机车车辆进行预告，填写防护登记簿。

⑥驻站联络员和现场防护员一次作业过程中不得临时调换和离开。维修检查作业中，如驻站联络员或现场防护员不能履行职责，应停止作业并取消本次维修检查作业。驻站联络员因故必须中断来车预报时，须通知现场所有作业组和机具下道避车。在重新得到驻站联络员允许作业通知前，各作业组严禁进入线路上道作业。

⑦每名驻站联络员一次作业过程中防护不得超过四个防护分区。

⑧避车安全区为作业组人员下道避车时站立的区域，本次避车安全区设置在铁路两侧路肩上和东牟出线与西南下行联络线间。其他两线间不满足安全距离要求，不设避车区。下道避车时，同一防护单元的现场防护员和作业人员应在对应的避车安全区集中避车，严禁同一防护单元作业人员分别在列车通过的线路两侧避车。下道避车时将作业工具一并带入避车区。

⑨同一作业组人员应按规定的上下工路径行走,同出同归。作业组需要转移作业位置时,应按规定行走路线在避车安全区内顺线路行走,严禁走道心和轨枕头。需跨越线路时,现场防护员应与驻站联络员联控,严禁来车时抢越,在得到需跨越线路无列车、车列通过信息后,执行"一站、二看、三确认、四通过"和"手比、眼看、口呼"规定,迅速横越到另一安全避车区内。

(2)上道作业防护联控

①建立一体化防护体系,驻站联络员按规定填写防护登记簿,按照总体防护方案和防护分区图在施工地段设置现场防护员。施工地段不同行别须分别设置现场防护员,施工区域上下行线路两侧分别设置高音喇叭,喇叭声音要清晰覆盖整个施工区域,用于通知作业人员下道避车或停止作业。遇有列车和调车作业通过施工地段时,驻站联络员通知施工区域现场防护员。现场防护员收到来车通知后,使用高音喇叭通知作业人员下道避车或停止作业。各防护分区现场防护员确认防护分区内所有作业人员下道避车或停止作业后,与驻站联络员进行联控。

②驻站联络员应按规定时间提前到岗,在行车室视频监控下录像,准确掌握列车和机车车辆运行情况,根据上道作业许可凭证,按规定在"运统-46"上登记,填写防护登记簿相关栏目。各作业组上道作业前,现场防护员必须通知驻站联络员,得到驻站联络员许可后方可进网前往作业地点。作业组人员到达作业地点后,作业组全体人员应在避车安全区集中等待,向驻站联络员联控报告待命位置,在得到驻站联络员允许前严禁上道作业。

③上道作业前驻站联络员和各作业组防护员要试验防护通信工具,确认通信工具作用良好。全体作业人员要掌握当次作业内容和安全防护要求,各作业组按规定设置现场防护员,明确作业人员分工,严禁施工检修人员兼任现场防护员。

④驻站联络员与防护员和现场作业负责人保持同一通信频率,在施工前再次进行确认。驻站联络员得到作业组进网联控通知后,开始与现场防护员进行列车预告联控。无列车通过时,现场防护员要执行3~5 min主叫联系制度,一旦发现通信联系中断,施工负责人和现场防护员要立即组织所有作业人员和机具撤至建筑限界以外安全位置,下道避车。

⑤现场防护员应根据现场地形条件、天气条件、列车运行特点、施工人员和机具布置等情况确定站位和移动路径,并做好自身防护,提前确定下道避车安全区位置,详见防护分区图。现场防护员应站在便于瞭望的安全位置,与防护单元的作业人员保持5~10 m距离;现场防护员在防护时,除掌握驻站联络员联控信息外,应以瞭望防护为主,严禁扎堆聊天或做与防护无关的工作。

⑥作业组得到驻站联络员允许作业通知后,现场防护员向驻站联络员报告作业组具体作业位置,并一同进入作业位置。驻站联络员在防护登记簿上记录作业组作业位置和开始作业时间。

⑦驻站联络员要随时掌握列车运行情况,按规定时刻通知现场防护员,现场防护员收到来车联控信息后,应立即通知所有作业人员下道避车或停止作业,在确认作业人员全部下道或停止作业后与驻站联络员联控,驻站联络员在防护登记簿上记录作业组下道时间。列车尾部越过作业位置时,现场防护员及时与驻站联络员联控,驻站联络员在防护登记簿内记录列车通过作业位置时间。区间作业时在列车开来方向邻站接近,站内作业时在邻站发车或通过前,驻站联络员连续呼叫3次未得到现场防护员应答,应立即通知车站值班员采取措施扣停经由作业地点的列车。

⑧严格执行"三清点、一确认"制度。所有上道作业实行"三清点":入网前、下道后、出网前要对工机具、材料、人员进行清点。"一确认":作业组当次作业全部完毕后,施工负责人确认人员和现场料具全部撤出建筑限界后通知现场防护员,现场防护员通知驻站联络员,驻站联络员在防护登记簿上记录作业结束时间。作业组出网后,现场防护员通知驻站联络员,并将照片传递给驻站联络员,驻站联络员进行确认,并在防护登记簿上记录作业组出网时间。驻站联络员在防护登记簿填写的最后一趟列车记录次行盖"××时××分作业全部结束"印章,驻站联络员一次作业过程结束。

（3）劳动安全培训

项目部加强防止车辆伤害安全教育,组织对所有上道人员进行三级安全教育,每年第一季度对全员进行劳动安全考试,严禁考试不合格人员上道作业。

驻站联络员和现场防护员统一参加郑州铁路局安全培训,初次资格培训合格后,由业务处颁发驻站联络员和现场防护员培训合格证,每两年进行复审培训。

项目选派身体健康、思维反应敏捷、无视力和听力疾病、责任心强、业务素质高、具有上道作业三年以上现场经验的正式职工担任驻站联络员和现场防护员,同时加强驻站联络员和现场防护员的管理,对发生严重问题和多次发生惯性违章的驻站联络员和现场防护员,坚决进行撤换。

对项目所有参加营业线施工的作业人员,统一进行内部安全培训,培训内容为技术规范、行业规范、《铁路营业线施工安全管理办法》《郑州铁路局普速铁路防止车辆伤害事故安全管理办法》、各专业规章和车辆伤害事故案例等。培训结束后安排考试,考试合格后方可上岗。

（4）封闭网、软隔离设置

线路架空之前对铁路两侧既有封闭网进行拆除,拆除后用金属网对施工区域进行封闭,封闭网采用钢管立柱形式,立杆间距 2.0 m,入地埋深 0.6 m,底部浇筑混凝土,露出地面1.8 m,安装牢固,并设置临时作业门。上行侧硬隔离距离安全限界 12 m,下行侧硬隔离距离安全限界 20 m。

在拆除前的铁路封闭网处各增设一道临时封闭网,硬隔离采用场制 1.2 m 高绿色隔离网片,立柱长 1.5 m,间距 2.0 m。立柱采用 0.3 m×0.3 m×0.3 m 混凝土基础加固。栏杆应顺线路方向设置,不侵入限界。临时封闭网和施工封闭网间可施工封锁点以外的工作,如图 5-2 所示。

图 5-2　临时封闭网和施工封闭网图

架空顶进安装纵梁进行单线封锁(V形天窗)时,在两线间设置软隔离。软隔离采用人工拉防护绳的形式,立柱地面以上0.3 m,间距5.0 m,采用直径6 mm黄色尼龙绳,绳上每隔2.0 m系一条彩带。

软隔离设施设置范围为施工范围两侧各加3.0 m,施工期间每天由现场专职安全员进行检查,确保隔离设施的安全性、牢固性,并做好记录。点外作业避车区如图5-3所示。

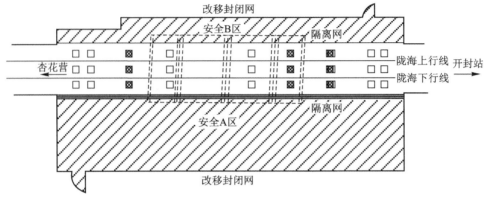

图5-3　点外作业避车区

(5)作业门管理安全措施

措施同封闭网作业门管理。

(6)作业门登销记制度

①项目部负责施工临时作业口的安全管理,并需在临时作业口处悬挂警示牌,设置看守人员,进行24 h值守,看守人员按规定佩戴标志和携带有效证件。要求项目部进出作业口的作业人员必须身着防护服并进行登记,严禁闲杂人员进入。

②施工安全监督检查员不到现场,不得进行施工。项目部不得私配钥匙或私自进入封闭设施擅自施工。

③在施工期间,项目部须接受设备管理单位的安全监督,按照对设备管理单位提出的安全建议及整改要求及时进行整改。

④项目部按规定在施工地点安装视频监控,必须覆盖临时作业口处,便于担任监督主体的设备管理单位对施工作业过程进行实时监控。

⑤施工结束后,要将防护栅栏恢复原状,并请设备管理单位验收合格后方可撤出看守人员。

⑥新设作业门按要求与设备管理单位签订安全协议,当临时作业口安全协议需续签时,必须提前5天向设备管理单位申请。

(7)"运统-46"登销记制度

①驻站联络员应提前到达车站运转室,根据施工内容拟定草稿,并经车站值班员审核后,在车站"营业线施工登记簿"上进行"运统-46"登记,于开始前40 min通过车站值班员向列车调度员申请施工,车站值班员应尽快与列车调度员联系,由列车调度员向有关车站和单位发布施工调度命令。

②及时了解车站值班员办理区间闭塞或接到邻站发车及办理本站发车前、开车后等手续以及临时变更情况,确认后,立即向工地防护员发出预报、确报或变更通知。

③施工完毕后,驻站联络员得到现场施工负责人施工完全具备开通条件的指令后,方可办理消点手续。施工期间须配备足够的通信工具,保证驻站联络员与现场联系畅通,并及时向车站值班员汇报施工进度及施工情况。将车辆实际运行情况及时、准确地通过对讲机向现场人员反馈。

④设置慢行防护:线路架空时,线路昼夜按 45 km/h 速度慢行,并按安全规定设置慢行防护。封锁施工时,按安全规定设置封锁防护。

施工现场的防护员和驻站联络员必须由施工经验丰富、身体素质好、责任心强、经过培训考试合格取得上岗证的职工担任。

在车站运转室派驻驻站联络员,施工地点设专职安全防护人员,各防护人员配备方便可靠的通信、信号工具,施工地点前后按规定要求设置各种信号标志。

5)开通确认

(1)施工现场确认

封锁施工开通线路前,施工负责人和安全监护人员共同按放行列车条件进行检查,达到开通条件后,撤除防护,及时办理消记手续,开通线路。现场包保人员对施工地段设备参数、安装状态、过渡状态要全部进行确认。

(2)三清点、一确认

推行施工作业"三清点、一确认"制度。所有上道作业实行"三清点":入网前、下道后、出网前要对工机具、材料、人员进行清点。"一确认":作业完毕,施工负责人对设备状态、工机具清理、人员撤离、防护撤除等进行检查,确认开通条件,并将照片传递到驻站联络员,驻站联络员确认后方可销记。

(3)确认恢复

施工地点设专职安全防护人员,各防护人员配备方便可靠的通信、信号工具。阶段提速上行、下行线放行列车条件:应力放散施工结束开通后第一列限速 45 km/h,第二列限速 60 km/h,其后恢复常速。线路架空加固后管涵顶进或架空拆除:施工作业期间限速 45 km/h;施工结束后限速 45 km/h 不少于 12 h,限速 60 km/h 不少于 24 h,限速 80 km/h 不少于 24 h,限速 120 km/h 一列后恢复常速。

5.2.4 行车安全专项保障方案

1)上线运行条件

本工程的线路架空及拆除采用折臂吊,材料、机械、设备等材料机具均采用汽车运输,无须轨道车运输作业。

2)强化施工安全措施

项目框架管涵位于陇海铁路杏花营—开封站区间,施工影响及限速范围:陇海线上下行线杏花营至开封站 K503+480~K503+720。为贯彻落实郑电安[2021]353 号文件要求,保证行车安全,规范铁路行车安全技术操作行为,防止行车事故的发生。制订行车安全保障方案,具体内容如下:

(1)严格执行"三亲自"

在进行营业线(含邻近)施工时,由施工负责人亲自组织编制作业方案,亲自布置作业方案,亲自担任施工作业负责人。

（2）严格执行"三清点、一确认"制度

①入网前、出网前由作业门看管人员协同施工负责人对进网、出网的人员和材料机具进行登记清点,施工负责人和监理人员对进网、出网登记结果进行复核签字确认。

②下道后由施工负责人对上道作业的工机具、材料进行清点,已消耗的材料(道砟、级配料等)需进行注明,并进行确认。

③封锁施工要点完毕后,施工负责人对设备状态、工机具清理、人员撤离、防护撤除等进行检查,确认开通条件,并将照片传递给驻站联络员,驻站联络员确认后方可进行销记。

（3）严格执行调度命令"三对照"制度

安排项目总工和一名技术主管专门负责上报施工计划。坚持一人拟令、一人把关,对受令处所和命令内容逐项审查确认,做到施工计划、申请、施工命令"三对照",并做好台账签字确认。

（4）施工现场设置具有无线传输功能的视频监控装置

在客运线节点两侧分别安装两个具有高杆无线传输功能的视频监控装置,将视频监控装置连接到调度指挥中心、各配合站段指挥中心,便于对现场施工安全的监管控制。同时建立项目部与调度指挥中心、各配合站段指挥中心、设备调试单位、网络运营商的多方联系机制。以通信录、微信群组方式建立联系,安装调试和使用过程中,出现视频监控中断等故障时,为便于联系沟通,对设备、系统、网络等问题逐一进行排查,从而第一时间反馈问题所在,及时恢复监控系统正常工作使用。

（5）严格执行挂牌上岗制度

严格执行《郑州铁路局关于规范路外从业人员持证作业的通知》(郑电安〔2017〕111号)文件要求,对进场施工作业的所有管理人员和劳务从业人员进行安全培训,对考试合格者发放铁路场所作业证,并持证上岗,门卫对进入施工场地的持证作业人员进行登记确认,无证或少证不得进入施工现场。

（6）推行"一岗一表"制度

根据现场管理、作业人员岗位不同,对现场施工负责人、安全负责人、技术人员、防护员、驻站联络员、门卫等关键岗位人员,推行"一岗一表"制度,使其上岗前对自己的岗位职责进行自查,同时由施工负责人对其进行检查考核。

（7）严格落实施工安全"八禁止"

"三员一长"及以上管理人员须签订施工安全"八禁止"承诺书。在营业线施工前,要求所有管理人员记住"八禁止"内容,在施工过程中对照内容对现场作业进行检查,施工条件不符合要求的严禁进行施工。

（8）大型机械使用安全措施

①大型机械作业前,应检查机械合格证与操作人员的操作证,证件齐全后方可进入施工场地作业。

②列车通过时,现场防护员与驻站联络员提前联系,当收到列车即将通过施工现场的信息时,大型工程机械必须停止作业,现场防护人员必须对机械作业位置进行检查,防止侵限,待列车安全通过现场后,方可继续进行作业。

③使用机械时,现场设防护员,车站设驻站联络员。现场机械作业,确保"一人一机"防护。

④大型工程机械作业结束后,必须停放在绝对安全的位置,确保在最不利情况下,机械臂影响不到营业线行车安全。

⑤施工单位负责人是第一安全责任人,不能以包代管。

⑥必须做到一事一案,一机一人防护。

⑦驻站联络员与现场防护员至少每隔 3~5 min 联系一次,联系中断时必须停止作业。

(9)施工造成易漂浮物垃圾的处理措施

①加强铁路安全教育,项目部设置专职安全员全天不间断对施工场地内易漂浮物进行巡查,现场负责人为第一责任人,全体参与。施工人员遵循"谁看见谁清理"的原则并对易漂浮物进行掩埋,避免对铁路行车安全造成影响。

②挖掘机、吊车、装载机、渣土车等施工机械应当具有生产(制造)许可证、产品合格证,进入现场前进行查验。使用机械坚持"两定三包",即定人、定机、包使用、包保管、包保养。

③所有进入邻近和营业线施工的机械必须严格按照"一人一机一防"的要求执行。机械操作人员必须持证上岗,且经过铁路局安全培训并合格。当有列车经过时所有机械必须停止作业。下班或者暂停作业时,机械必须按照要求熄火,并收起作业臂等,停放在安全地点,之后防护员方准离开现场。机械操作人员应严格按照上下班制度,与防护人员同时上下班,不得在无防护或者防护人员未到位的情况下自行作业。

5.2.5 安全管理制度

1)营业线施工安全管理制度

在营业线施工期间,保证营业线行车安全及人身安全极为重要,这就要建立一系列的施工安全管理制度,加强施工安全管理。

严格按《铁路局关于印发〈铁路营业线施工安全管理规定〉的办法》及郑州铁路局发布的有关营业线施工安全的文件规定进行施工,做到没有经建设单位或上级主管部门审批签认的施工组织设计或施工方案,没有制订安全技术措施,没有与工务、电务、通信等单位签订好施工安全配合协议不准开工。

(1)建立营业线施工审批制度

工程开工前,需编制施工专项方案,经各设备管理单位会签、监理和项目管理机构审核、铁路局审批后,方准办理施工计划相关报审手续,待施工计划审批后方可进行该项工程施工。

(2)建立营业线施工的安全制度

项目部指派一名副经理专门对营业线施工安全工作负责,成立营业线施工安全小组,工班设专职安全员,形成安全生产网络。对施工安全全方位负责,施工安全小组不定期对施工现场(工点)安全情况作实事求是的评价,按建立的安全生产奖罚制度进行奖罚,特别是对现场不负责的防护人员进行项目部内通报批评,必要时给予重罚。

(3)建立防护员工作制度

在营业线上施工地段设防护员及驻站联络员;驻站联络员、工地防护员必须经过严格培训和考试合格,方可担任该职务。

防护员在工作时,必须身着规定的服装,佩戴易于识别的证章。按规定佩戴防护用品。

防护员工作时精神饱满,班前、中午不得饮酒,如有违反,立即停止其工作。

防护员必须熟悉本区段内的列车运行情况,尤其要求熟记本区段旅客列车到、发(通过)时刻,以确保旅客列车安全。

防护员必须持证上岗,随时接受上级领导和安全管理人员的检查。

施工联络员、防护员、施工负责人间要有可靠的通信工具。防护员、联络员必须坚持每3~5 min通话1次和复诵的制度,并做好通话记录以备查。

2)危险源管理制度

在开工前必须由施工负责人组织施工技术、设备物资、交通消防和安全管理等方面的人员(必要时可选聘相关行业专家或公司有关部门及人员),对所承担的工程进行全面分析、研究;根据项目部指定的安全目标和国家、行业有关法律、法规、标准,结合本单位和兄弟单位事故案例、各行业安全技术规则和现有安全管理制度、操作规程所防范的危害,以及相关工程施工安全管理经验和施工调查的情况,对工程施工中可能存在的危险源进行分类、评估、分级并采取措施控制。

3)安全技术交底制度

安全技术交底是施工过程控制的重要环节,是确保施工安全的重要保证,具体要求如下:

(1)开工前,项目分部技术负责人将工程概况、施工技术措施等情况向全体施工管理人员进行详细交底。

(2)每一分部、分项工程开工前,技术人员要根据工程情况,向施工队长或班组长进行书面安全技术交底。

(3)对特殊工种的作业、机械设备的安拆与使用,安全防护设施的搭拆等,技术人员要对操作班组做书面技术交底。

(4)对专业性较强的分项工程,要先编写施工方案,然后根据施工方案作针对性的安全技术交底,不能以交底代替方案,或以方案代替交底。

(5)两个以上作业队或工种配合施工时,技术人员要按工程进度定期向有关班组长进行交叉作业的安全交底。

(6)安全技术交底要经技术负责人审阅签字,安全员签字认可,不许代签名。

(7)班组长要根据安全技术交底要求,对操作工人进行针对性的班前作业安全交底,操作人员必须严格执行安全交底的要求。

(8)安全技术交底要全面、有针对性,符合有关安全技术操作规程的规定,内容包括施工要求、作业环境及可能存在的问题等,严禁施工队长、班组长违章指挥。

(9)安全技术交底后,施工队长、安全员、班组长等要对安全交底的落实情况进行检查和监督,督促操作工人严格按交底要求施工,防止违章作业现象发生。

(10)在对特殊工种的作业、机械设备的安拆、安全防护设施的搭设等的安全技术交底后,必须有技术负责人、安全员、机管员、施工队长(班组长)等验收,验收合格后方可投入实施。

4)安全检查制度

(1)建立定期安全检查制度:项目部每月定期进行一次全面的安全检查,由项目部领导带队,安全质量部和相关部门参与,各分部领导和相关部门参加,检查到每个工点。分部日常检查每周一次;各工点每日检查一项单位工程,施工队每日进行一次检查;各班组每日进行自检、互检、交接检查;非定期检查视工程情况而定。

（2）安全检查要以查领导、查管理、查制度、查纪律、查隐患为主要内容:一查各级领导的安全责任意识,是否真正树立了"安全第一"的思想;二查施工现场标准化管理是否到位;三查规章制度是否健全,重点查在施工现场的落实情况;四查职工和劳务工的劳动纪律;五查施工现场事故易发点的隐患,重点是制订有效措施,认真整改。

（3）安全检查必须填写"安全检查工作记录",对检查中发现的安全问题、安全隐患,要下发"隐患整改通知书",建立"问题库",提出整改要求,要定人、定措施、定经费、定完成日期,及时复查。在隐患消除前,必须采取可靠的防护措施。如果有危及人身安全的险情应立刻停止施工,处理合格后方可继续。对情节严重且拒不执行监督要求的,视情况对责任单位和个人处以罚款。对难以立即整改的问题,要实施监护等措施,并及时向上级报告。

（4）开工前的安全检查,主要包括:施工组织设计是否有安全技术措施,安全生产责任制和安全管理制度是否建立,施工机械设备是否配齐安全防护装置,安全防护设施是否符合要求,施工人员是否经过安全教育和培训,特种作业人员是否均持证上岗等。

（5）日常安全检查:各级安检人员日常巡回安全检查。

（6）其他安全检查:进行工程复工安全检查,夏季的防汛抗洪、防暑、防雷电、冬期施工安全检查,应急救援物资储备安全检查。

5）安全教育制度

工程开工前,对所有参加本标段工程施工的人员进行安全生产教育,组织学习国家有关劳动保护法律法规、铁路总公司有关劳动保护条例、规定以及郑州铁路局有关安全生产的文件、通知,特别是要学习《铁路局关于印发〈铁路营业线施工安全管理规定〉的办法》《铁路行车线上施工技术安全规则》《工务安规》。提高安全意识,增强安全防范及自我保护能力,杜绝安全事故发生。

坚持每周不少于 2 h 的安全教育,由主管工程师或安全技术员针对施工项目,结合现行的规范、规则上安全技术课。对特殊工种,要求培训考试合格后,持证上岗。

6）特种作业人员管理制度

（1）特种作业人员,必须参加当地安全生产监督管理部门组织的安全技术培训,经教育、考核、复验,考核合格取得合格证、获取操作证者方准上岗作业。

（2）取得操作证的特种作业人员,应定期进行复审,未按期复审或复审不合格者,其操作证自行失效,该特种工不准上岗作业。

（3）特种作业人员连续离开特种岗位 6 个月以上者,应当重新进行实际操作考核,经确认合格后方可从事原岗位作业。

（4）分部要对进场的特种工进行入场安全教育,并经常对特种工进行本岗位的安全操作规程教育,施工前进行针对性的书面安全技术交底;特种工的劳动保护用品要按规定发放,并督促其正确使用劳动保护用品。

（5）特种工必须持证上岗,"特种作业人员操作证"（以下简称"操作证"）不得伪造、涂改或改借。特种工在作业过程中要严格遵守操作规程,不允许擅自离岗或让别人代替上岗。

（6）对已取得上岗证的人员,工区要进行造册登记存档,操作证必须按期复审,不得超期使用,名册应齐全。

（7）特种作业人员必须在操作证规定的工种作业范围内进行作业。

（8）特种作业人员要保持相对稳定，不准随便调离，如果需要调离，必须经项目部同意。

7）安全事故报告制度

（1）职工（含合同工、临时工）在生产，工作过程中发生的，或因企业生产设备、劳动条件不良而导致的伤亡事故，均应列入职工伤亡事故统计报告。

（2）事故的报告。职工发生伤亡事故或影响铁路行车的事故后，事故现场有关人员应立即报告本项目负责人，项目负责人立即向单位负责人和安全管理部门报告，同时，启动应急预案，组织事故抢救。

若发生职工因工重伤或死亡事故，必须在一小时内报告所在地安全生产监督管理部门、公安部门、监察部门、工会。对伤亡事故隐瞒不报、谎报、漏报和故意拖延不报者，要追究有关人员的责任。

（3）报告事故应包括的内容：事故发生单位概况；事故发生的时间、地点以及事故现场情况；事故的简要经过；事故已造成或者可能造成的伤亡人数（包括下落不明的人数）和初步估计的直接经济损失；已经采取的措施；其他应当报告的情况。

（4）事故统计。

8）安全用电管理制度

电气设备要有可靠的保护接地。电工必须持证上岗，用电必须有专职电工负责，严禁非专业人员操作、维修电气设备，严禁私自接线。

9）机械设备安全管理制度

应当具有生产（制造）许可证、产品合格证，进入现场前进行查验。使用机械坚持"两定三包"，即定人、定机、包使用、包保管、包保养。

10）安全操作挂牌制度

必须保证所有机械设备及相关设施挂设"安全操作规程"牌。

11）班前安全讲话制度

每天早上点名时安全员要进行安全讲话，对每天各工种操作所需要注意的安全事项进行强调。

12）交接班制度

安全员换班要进行交接班，交代所需注意的安全事项，以及上个班时需要进行的安全整改的情况及存在的安全隐患。

5.2.6 风险源辨识

施工中可能发生的不安全因素有产生红光带、列车运行途中发生车辆故障、施工人员受伤、线路变形、机具侵限、汛期防洪、人身安全等。要求严格落实双重预防机制，加强现场施工、机械及营业线防护管理，做好应急处置预案。具体卡控措施详见附录7。

5.2.7 安全专项措施

1）防止既有线"红光带"的安全措施

营业线施工严禁联电作业，必须遵循两条原则：一是两级线路不能短路；二是同级的线路不能断路。

(1)营业线上任何作业不得破坏导电接头、绝缘接头和引入线的完好状态。

(2)要点施工要注意保护轨道接续线,以免轨道电路断电。

(3)绝缘接头的钢轨顶面不得存在飞边,发现接头钢轨有飞边时,立即会同电务部门及时消除飞边,以防绝缘失效。

(4)绝缘接头的轨缝要保持适当,防止因天气变化或钢轨爬行而将轨缝顶死,以至影响信号的使用。

(5)防止施工出现红光带(联电)的"十严禁":

①严禁使用绝缘不良的工机具上道作业。

②严禁两根引线相连。

③严禁一条线路的两股钢轨相连。

④严禁绝缘接头两侧钢轨相连。

⑤严禁钢轨的跳线和没有安装跳线的钢轨相连。

⑥严禁在道岔上起道时,起道机把与相邻一股钢轨相连。

⑦严禁在道岔极性绝缘接头处用起道机起道。

⑧严禁抬运钢轨、尖轨、钢筋垂直过股道时,同时放在两股钢轨上。

⑨严禁用钢尺在两股钢轨上直接丈量。

⑩严禁更换钢轨不安装回流线。

(6)方正和更换轨枕时,注意引入线联电或断线。

(7)在钢轨电路区段和绝缘接头附近作业使用的金属机具,没有绝缘装置或绝缘装置不良的不准使用。

(8)点前影响施工需要移动或拆除信号设备的必须要有防护措施,必须要有维修信号人员的配合监视,否则严禁移动信号设备。

2)钻孔桩施工安全措施

(1)钻孔桩机操作工、指挥、电工、焊工、机修工等配备齐全,持证上岗,进入现场必须遵守安全操作规程和安全生产十大纪律,戴安全帽,穿胶鞋。

(2)钻孔桩施工时应配备足够的排水设备并设置沉浆池。

(3)安装前应按作业方案和对照钻机说明书的要求,详细检查各部件、零配件,确保其齐全合格。不合格或变形、锈蚀的零配件不准使用。

(4)安装钻机应放置坚实平稳,钻杆的中心线偏斜应小于全高的1%,10 m 以上的钻杆不得在地面上接好后一次吊起安装。

(5)电源线路、电箱线路正确,进出线整齐,拉线牢固,熔丝不得用金属代替,箱内不得放其他物品,触电保护器灵敏有效,电源容量和导线截面符合钻机说明书和安全用电规范的要求。

(6)汽车式钻机孔应先架好支腿,将轮胎支起,并采用自动微调或线锤调整挺杆,保持垂直。

(7)作业前将操纵杆放在空挡位置,启动后应空运转试验,检查仪表、温度计、音响、制动等各项工作正常后,方可作业。

（8）钻孔时应对准桩位，先使钻杆向下，钻头接触地面，再开动钻杆转动，不得晃动钻杆。

（9）钻机发出下钻限位报警信号时，应停钻，将钻杆稍稍提升，待解除报警信号后，方可继续下钻。

（10）在遇卡钻时，应立即切断电源，停止下钻，在查明原因排除故障前，不准强行启动。

（11）钻孔过程中，当遇机架摇晃、移动、偏斜或钻头内发出有节奏的响声时，应立即停钻，经处理后，方可继续施钻。

（12）护筒应高出地面 20~30 cm。

（13）扩孔作业中，要严格控制泥浆护壁配比，防止塌孔。扩孔达到设计要求的孔位时，应停止扩削，并拢扩刀管，稍松数圈，使管内存土全部输送到地面，才可停钻。严禁用手清除螺旋片上的泥土。

（14）钻孔中，发现紧固螺栓松时，应立即停机，重新紧固后方可继续作业。

（15）钻孔作业中，应有专人负责电缆，如遇停电，应将各控制器放置零位，切断电源，将钻头接触地面。

（16）成孔后，必须将孔口加盖保护或浇筑混凝土，附近不准堆放重物和材料；作业区周边应设围栏并加设明显标志和警告牌，严禁非作业人员进入施工现场。

（17）严禁在高低压架空电线下方钻孔或移动钻孔，钻杆时必须保持与高压电线的安全距离不小于 6 m。

（18）运输淤泥、泥浆的汽车，车厢封闭严密，不漏浆、掉土污染道路，于指定地点倾倒，并严格遵守交通安全规则。

（19）作业后，应清洗钻杆和螺旋片上的泥土、泥浆。

（20）下班时，应将钻头下降接触地面，操纵杆放到空挡位置，拉闸切断电源，锁好开关锁。

（21）钢筋加工作业人员、监护人员必须戴安全帽，严禁穿拖鞋、赤脚、酒后上岗作业；施工现场电源线路必须按"三相五线"制，并按"三级配电、二级漏电分级"分段保护，井底照明须用低压电源，并用防水带罩的安全灯具或安全矿灯。注意焊、割作业，注意防止火花飞溅引起火灾。

3）临时作业口安全措施

根据郑州铁路局关于印发《郑州铁路局普速铁路防护栅栏管理实施细则》（郑铁工〔2014〕308 号）文件的要求，施工需要设置临时作业口，须提前 10 天凭铁路局批准的施工文件，做出"设置作业门（临时作业口）申请表"，经设备管理单位（郑州桥工段）同意并签字确认，报设备管理部门和综治办批准后方可设置，同时还要与设备管理单位（郑州桥工段）签订《作业门使用安全协议》并报属地铁路公安部门备案。

同时，根据相关规定[31]，施工期间，派专人对临时作业口进行 24 h 看守，严禁闲杂人员进入作业口。临时作业口处两端悬挂警示牌，内容包括使用单位、安全责任人、出入规定、使用期限。

工程完工后，对拆除的封闭网进行恢复并同设备管理单位办理交接手续。

施工时拟开口 2 处，线路两侧对称开口。作业门分别设在陇海上下行线外侧对应里程 K503+578。

4）线路架空安全技术措施

贯彻执行《集团公司关于印发<郑州局集团公司地方涉铁工程管理办法的通知》（郑铁办〔2020〕143 号）规定。严格履行施工申报审批手续，按批准方案组织施工。线上加固按以下要求进行作业。

（1）对线上有关设施的处理

线路加固前，工地负责人首先要安排有关人员对线上所有铁路设备进行调查，一定要调查清楚，并通知有关单位协同进行处理，在施工期间，必须采取切实可行的措施保证铁路器材的正常使用，确保行车安全。

（2）线路架空几何尺寸控制措施

①线路架空期间，每股道均要设置专职的线路工，线路工利用天窗上道检查时使用道尺、弦线等工具对线路方向、轨距、水平、正矢进行巡查，随时掌握线路变化，发现问题及时整修，确保线路状态良好。

②需要点外上道时应按《郑州局集团公司铁路营业线施工管理实施细则》（郑铁施工〔2021〕190 号）第九十六条规定执行并做好记录，线路工必须责任心强、技术过硬。任何人不能单独上道作业，确保人身安全。

③恢复线路后，必须按工务规则和《铁路管理技术规程》（简称"技规"）的技术标准进行维修，在未交验时按协议要求履行职责。

5）顶进作业安全保证措施

（1）每项作业项目部都要制订一个实施性安排，分工要明确，责任要到人，按班控制进度，以达到预定目标。

（2）线路防护人员必须由经过培训、持有合格证的人员担任；施工防护人员所用的信号标志要显示明确，防护位置要正确，配戴用具要齐全，要有交接班记录。

（3）传力柱、顶镐、拆装梁、钢轨等笨重物品的装卸运输，应按有关起重装卸运输作业规程办理。

（4）顶进时所用顶镐、油泵、管道等加压设备必须进行压力试验，油表校正合格后方可使用。

（5）顶进应利用列车运行间隙进行，为保证行车安全，顶进施工人员和线路防护人员之间应利用对讲机、电话联系，以便根据线路情况采取相应的措施。不允许不联系或线路防护人员不到位就进行顶进作业。

（6）为保证顶进的顺利进行，试顶或顶进时要设专人认真观察后背传力柱、顶镐线路加固设备及股道和各种电缆、油路的工作状况，发现异常情况及时采取措施。

（7）在顶进传力柱受力后，任何人员不准接近和跨越顶进传力柱，传力柱每 8 m 一节，应加工字钢分配梁一道，加强其整体性，每排传力柱的安装与千斤顶应成一条直线，并与后背梁垂直。

（8）顶进现场应备有足够的道砟、枕木、草袋、钢轨配件、线路加固配件和起道机等料具，以应对雨天或其他原因引起的线路变形。

（9）列车慢行之日起到恢复线路交验前，要有专人日夜对线路加固设备、线路的轨距、水平进行维修检查并有记录。当配有民工进行作业时，必须由责任心强、技术过硬的老职工进行指导检查,确保行车安全。

6)架空拆除及恢复安全技术措施

(1)顶进就位后,过渡段及道砟回填密实后利用折臂吊拆除纵梁,横抬梁拆除应在天窗点内施工,点外不得作业。拆除的纵梁、横梁等材料都要及时运至股道外,不得侵入邻线限界,危及行车安全。

(2)恢复线路后,必须按工务规则和技规的技术标准进行维修,在未交验时按协议要求履行职责。

(3)恢复线路所用的道砟必须使用I级道砟且应道床饱满,边坡整齐稳定,线路平顺。

(4)整修后的线路应加强自动化监测和目测巡视,发现情况立即采取措施。

7)防断轨安全措施

(1)当巡查作业人员发现断轨时,应立即用对讲机或电话通知车站,拦、扣停列车和封锁区间,同时派人员分头进行防护,并在故障地点设置停车信号。如瞭望困难,遇降雾、暴风雪、扬沙等恶劣天气还应点燃火炬。设有固定信号机时,应先使其显示停车信号。

(2)如不知来车方向,应在故障地点注意倾听和瞭望,并不断用对讲机呼叫进入该区间列车紧急停车。

(3)发现来车应急速奔向列车,用手信号旗或徒手显示停车信号,使列车在故障地点前停车。

(4)发现站内线路断轨应立即通知驻站联络员,驻站联络员通知值班员立即封锁线路,使机车、车辆不能通往该故障地点,并按规定设置停车信号防护。

(5)进行应急处理

①紧急处理。当钢轨断缝不大于50 mm时,应立即进行紧急处理。在断缝处上好夹板或鼓包夹板,用急救器固定,在断缝前后各50 m拧紧扣件,并派人看守,限速5 km/h放行列车。当断缝小于30 mm时,放行列车速度为15~25 km/h。有条件时应在原位焊复,否则应在轨端钻孔,上好夹板或鼓包夹板,拧紧接头螺栓,然后可适当提高行车速度。

②临时处理。钢轨折损严重或断缝大于50 mm,以及紧急处理后,不能立即焊接修复时,应封锁线路,切除伤损部分,两据口间插入长度不短于6 m的同型钢轨,轨端钻孔,上接头夹板,用10.9级螺栓拧紧。在短轨前后各50 m范围内,拧紧扣件后,按正常速度放行列车。

③通知工务部门,进行专业永久性修护。用鼓包夹板或急救器进行紧急处理,采取慢行措施,尽快开通线路放行列车,减少对运输的影响,随后由郑州桥工段进行永久处理。

8)防胀轨安全措施

线路架空和加固后,既有线路道床底被破坏,若天气温度升高,轨温超过锁定轨温,线路就可能出现弯曲变形,甚至胀轨跑道。为保证线路行车安全,根据轨温表的检测实施以下措施:

(1)机械浇水降轨温。在顶进箱桥顶及箱桥南北两侧墙外各20 m范围内设置降温带;降温带是用直径20 mm的通水蛇皮塑料管包裹土工布制成,蛇皮管每隔10 cm钻一眼,降温带用扎带固定在钢轨扣件上。轨温超过锁定轨温5 ℃时,通过处理过的塑料管泄水,利用土工布沁水性保持钢轨两侧湿度,控制轨温在锁定轨温以内。

（2）人工浇水降轨温。在温度较高的天气出现停电的紧急情况下，利用天窗点采用人工浇水降轨温至接近原锁定轨温，保证线路的稳定。

（3）断轨的临时处理：钢轨折损严重或断缝大于 50 mm，以及紧急处理后，不能立即焊接修复时，应封锁线路，切除伤损部分，两据口间插入长度不短于 6 m 的同型钢轨，轨端钻孔，上接头夹板，用 10.9 级螺栓拧紧。在短轨前后各 50 m 范围内，拧紧扣件后，按慢行速度行驶。

防胀防断备品信息见表 5-4。

表 5-4 防胀防断备品表

序号	备品名称	单位	数量	放置位置	备注
1	防胀布	m	100	施工现场	
2	轨温计	块	2	施工现场	备用 1 块
3	减速地点标	个	2	施工现场	
4	移动减速信号牌	个	2	施工现场	
5	移动停车信号牌	个	2	施工现场	
6	信号旗	对	6	施工现场	
7	鼓包夹板	块	2	施工现场	
8	钢轨	根	2	6.5 m，现场	
9	切割机	台	1	施工现场	
10	短路铜线	根	2	施工现场	
11	卷尺	把	2	施工现场	
12	道尺	把	1	施工现场	
13	起道机	台	3	施工现场	
14	撬棍	把	10	施工现场	
15	活动扳手	把	2	施工现场	
16	钻孔机	台	1	施工现场	
17	急救器	套	4	施工现场	
18	鼓包夹板	套	4	施工现场	
19	捣固机	台	1	施工现场	
20	锯轨机	台	1	施工现场	
21	石砟叉	把	30	施工现场	

9）管线防断措施

（1）既有线施工时，要提前与运营、设备管理单位签订安全协议，做到措施到位、人员到位、探测设备到位。在运营、设备管理单位派员到场的监督下，共同探明地下管线（缆）后，再共同挖出探槽，进一步确认缆线方向和深度，并采取防护措施，以防挖断、压断、碰断电缆、管道。要明确责任人、检查人、监护人和保包领导责任。

（2）挖出的电缆用阻燃塑料管进行包裹并倒覆电缆进行防护，电缆旁边设立明显的标牌、标识，起到警示作用。

（3）在探明地下设施位置及走向前，严禁盲目开挖。在地下设施附近进行开挖作业时，必须设置明显防护标志并设专人现场监护，之后方可进行作业。严禁使用挖掘机、装载机、推土机等大型机械施工。

（4）严格执行防止挖断地下管线的"十卡死制度"。在地下电缆、管线不清楚的地方施工要卡死；无探测设备、无安全保护措施、安全保护措施未交底不准施工要卡死；严禁未经安全教育的人员上岗作业要卡死；严禁未做探沟就野蛮作业要卡死；严禁暴露在外的电缆未做防护就进行其他作业要卡死；代班人员和管理人员不到施工现场盯控不得擅自施工要卡死；设备管理单位安全监督人员未到现场确认时不得擅自开挖要卡死；严禁大型机械在地下管线未查明处或安全防护不落实进行施工要卡死；挖伤、挖断电缆要及时上报上一级领导要卡死；严禁在地下管线附近乱挖、乱推、乱刨要卡死；严禁在暴露的电缆附近烤火取暖要卡死。

10）夜间施工安全措施

（1）建立夜间值班制度，做好周密的组织和技术交底，配备足够的物资，确保夜间施工顺利进行。

（2）严格复核、检查制度，确保各项技术质量指标准确无误，符合设计和规范的规定。

（3）必须保证夜间施工期间照明充足，在东西两侧箱涵处各设置高灯杆 2 根，设置 500 W LED 照明灯具共 2 套，东西两侧各 1 套，照明灯具应垂直于铁路线路照射。

（4）充分考虑施工安全问题，不安排交叉施工的工序同时在夜间进行。

（5）夜间施工路基应配备夜间行车指挥信号灯，并设专人对既有线路基的看护工作。

（6）夜间施工用电设备必须有专人看护，确保用电设备及人身安全。

（7）夜间气候恶劣的情况下严禁施工作业。

（8）夜间施工封锁铁路线路时，在插红牌位置设置红色安全警示爆闪灯。在作业区与各工序的结合部位设置明显的发光标志。施工人员须穿反光警示服。

（9）各道工序夜间施工时除当班的安全员、质检员必须到位外，还要建立质安主管人员巡查制度，发现问题必须立即解决。

（10）夜间顶进出土施工时，必须做到"一机一防"，专职安全防护员与远近端防护员及驻站联络员必须保持通信畅通，且每 3~5 min 试通话一次，确保通信无障碍。

（11）列车通过时，禁止施工。

11）施工用电安全措施

（1）施工现场的临时用电，严格按照《建筑与市政工程施工现场临时用电安全技术标准》（JGJ/T 46—2024）的规定执行。要保证"一机、一箱、一闸、一漏、一锁"。

（2）临时用电工程的安装、维修和拆除，均由经过培训并取得上岗证的电工完成，非专业人员不得进行电工作业。

（3）电缆线路采用"三相五线"接线方式,电气设备和电气线路必须绝缘良好,场内架设的电力线路、悬挂高度及线距应符合安全规定,并架设在专用电杆上。

（4）变压器必须设接地保护装置、护栏、门加锁,专人负责,近旁悬挂"高压危险,请勿靠近"的警示牌。

（5）室内配电盘、配电柜要求垫绝缘垫,并按要求安装漏电保护装置。

（6）各类电器开关和设备的金属外壳,均应设接地或接零保护。配电箱能防水、防雨,箱内不得存入杂物并设门加锁,专人管理。

（7）检修电气设备时要停电作业,电源箱及开关握柄要挂"有人操作严禁合闸"的警示牌或专人看管。每个配电箱要有责任人。

（8）现场架设的电力线路,不得使用裸导线;临时电线不得挂在钢筋模板和脚手架上,必须安设绝缘支撑物。

（9）严禁用其他金属丝代替熔断丝。

12）人身安全保证措施

（1）加强对员工的安全知识教育,提高其安全意识和技能。

（2）凡现场人员必须正确佩戴符合标准要求的安全帽。在地面 2.0 m 以上作业时,必须戴好安全帽、系好安全带或安全绳,不准穿带钉或易溜滑的鞋。

（3）搬运及装卸重物时,应尽量使用机械作业;人力操作时,应统一指挥、动作一致,尽量在平整地面上行走,注意踏稳踩牢,防止重物砸伤。

（4）使用氧气乙炔设备时,操作人员必须按规定穿戴劳动保护用品,其他人员应远离喷嘴前方,防止烧伤。乙炔瓶不得靠近热源和电器设备。乙炔瓶与明火的距离不得小于 10.0 m,与氧气瓶间的距离不得小于 5.0 m。

（5）线路上作业时,作业机具与牵引供电设备高压带电部分须保持 2.0 m 以上距离,与回流线、架空地线、保护线保持 1.0 m 以上距离。

（6）人员下道避车时,必须将作业机具、材料移除线路,并放置、堆码牢固,不得侵入建筑限界,不得停留在两线间避车。

13）大风天气防异物侵限保证措施

项目部办公室随时与气象台保持联系,掌握施工期间风力大于 5 级及以上的天气情况。6 级及以上大风天气时,应将线路上所有小型物料、机具全部移出网外并放置牢固,防止异物侵限,立即停止起重作业、吊装作业、高空作业、渣土材料运输等。

大风天气来临前,安排专人检查施工场地及铁路沿线周边的防尘网（布）、塑料袋、编织袋等轻飘物的压实和覆盖情况,对未压实的轻飘物立即安排人员清理。对不能及时清理的黄土、砂石料、碎石、石粉等物料,安排专人进行浇水,使其湿润并覆盖压实,同时在大风来临时加强检查。

14）机械设备使用安全保证措施

（1）所有机械设备进场后,必须由物设部负责人会同安全员和使用机械的人员共同对机械设备进行进场验收工作,经验收发现安全防护装置不齐全的或有其他故障的应退回设备保障部门进行维修和安装。

(2)设备调试合格后应进行检查,并按标准要求对设备进行验收,经项目部组织验收合格后方能正常使用。

(3)使用前要对设备使用人员进行安全技术交底和教育工作,使用人员必须严格执行交底内容并按操作规程操作。

(4)使用中要经常对设备进行维修保养,停止使用后切断电源并锁好电闸箱。

(5)各种机械设备必须专人专机,凡属特种设备的,其操作负责人要按规定每周对施工现场的所有机械设备进行检查,发现问题及隐患及时解决处理,确保机械设备完好,防止机械伤害事故发生。

15)预防物体打击安全措施

(1)加强对员工的安全知识教育,提高其安全意识和技能。

(2)凡现场人员必须正确佩戴符合标准要求的安全帽。

(3)经常进行安全检查,对于凡有可能造成落物或对人员形成打击威胁的部位,必须进行日巡查,保证其安全可靠。

(4)对于吊装作业,除设指挥人员外,对危险区域应增设警戒人员,以确保人身安全。

(5)施工现场严禁抛掷作业(其中包括脚手架拆除、模板支撑拆除及垃圾废料清理)。

(6)起重作业人员必须做到持证上岗,同时有一定的操作经验和技能,熟悉操作规程。司索人员应注意被吊物的整体状态、运行区域路线及其危险性。如有可能对作业人员形成威胁,必须通报指挥人员暂停作业。

(7)作业前,安全管理人员及操作手必须对设备进行检查,在确定无故障情况下方能进行作业。

16)防止既有线行车设备事故安全保证措施

(1)认真执行《郑州局集团公司铁路营业线施工管理实施细则》的通知(郑铁施工〔2021〕190 号)的有关条款。将营业线行车安全放在首位,始终坚持"安全第一,预防为主,综合治理"的方针,坚决克服松懈、麻痹的思想,坚持"警钟长鸣"。

(2)在工程项目施工前,项目经理部与本工程内有关的运营单位建立联系制度,严格执行安全协议和批准的施工计划,遵守安全规定,互为监督,协调配合,尽职尽责,堵塞漏洞,消除不安全因素。项目部和重要工点保证指派施工负责人和安全负责人进行现场监控。

(3)施工中必须加强作业防护工作,确保防护措施的落实,保证通信设备、器具状况良好。各作业防护人员必须服从统一指挥,严格落实呼唤应答制度,确保通信联络准确或指挥到位。

(4)积极与电务、工务、通信等部门联系,确认地下已有通信、信号电缆的具体位置,防止挖断光、电缆而影响行车。

(5)施工过程中,易燃易爆危险品严禁放置在铁路安全保护区以内。

(6)施工过程中所使用的管道、土方等施工物料堆放处距铁路 30 m 以外,堆放高度不得超过 3 m,由现场施工员进行监督落实,以防对铁路形成安全隐患。

17)防止机械、材料侵限安全措施

(1)在铁路营业线施工,所有机械、工具、材料不得侵入铁路行车限界。

(2)在邻近既有线旁进行机械作业,必须指派安全防护人员,每台机械配置一名机械操作指挥人员,"一机一人,专人防护,人随机走"。自卸车卸完材料时,应及时将翻斗归位,不得边卸边行驶。

(3)在铁路营业线旁进行机械作业的驾驶人员,必须经过铁路限界知识教育且考试合格,先培训后上岗;防护员、驻站联络员要经过培训,经培训考试合格后持证上岗。邻近既有线挖机的大臂伸展(最长部分)与接触网保持 2.0 m 以上安全距离,作业区域与正在行车线路之间设置隔离措施。

(4)铁路营业线施工所需的材料、工具必须安放在铁路限界外,作业完毕后及时将工具材料带回驻地,将材料堆放在安全地带。施工负责人在收工前必须仔细检查材料、工具的收集状况及堆放情况。

18)既有线要点施工安全措施

(1)要充分做好施工前的准备、组织工作,加强施工管理。

(2)要点前一天,项目部必须召开点前准备会,要对所有参加要点的管理人员、防护人员、作业队队长、带班组长等进行要点施工内容、封锁范围、防护安排、作业分工等培训传达,做到分工明确、责任到人,做到施工时心中有数。

(3)按照给点时间,所有参加人员提前 1~2 h 到达施工地点。驻站联络员按规定登记"运统-46",办理申请要点、销点有关手续,及时准确地向施工负责人传达封锁施工起讫时间和命令号码,及时通报列车运行情况,施工负责人对各施工组进行详细分工。

(4)工地防护员必须按规定带齐防护信号备品,按规定设置防护,保持与驻站联络员的通信联系,掌握列车运行时间,监督施工人员及时下道,未经施工负责人同意不得撤除防护,专职安全员要复核确认。

(5)统一安设联络器材,驻站人员及时、准确地通报邻线和本线来车情况,工地通过喇叭和号角等器材通知来车情况。两线间防护要用安全绳进行软隔离,且有专人检查,防止机具轨料侵限。

(6)封锁施工完毕,施工负责人、设备管理单位共同检查线路设备状态,放行列车时要认真检查线路是否符合列车放行条件,安全检查员要严把列车放行关,检查确认达到开通条件,并在施工负责人设备检查记录上签字后,由施工负责人申请开通。

19)机械防倾覆措施

(1)本工程主要使用的机械有挖掘机、折臂吊;机械作业前,对操作人员进行安全教育,明确作业方案内容、安全注意事项,并进行签字确认。

(2)机械作业前,对机械状态进行检查并试运行,确保机械状态良好,禁止违章操作机械。

(3)机械作业时要与边缘保持一定距离,禁止靠临边行驶。

(4)6 级及以上大风天气禁止作业。

(5)机械需在安全限界内作业时,应提前对行驶路线和作业地点进行观察,确保地面无坑洼、无杂物,确保无倾覆可能方可驶入作业。

(6)吊车作业前应对站位的地面进行处理,根据实际作业工况进行试吊,确认无误后方可施工。

20)吊装作业施工措施

(1)吊车作业人员必须持证上岗。吊车必须有年度检验合格证。吊装工具必须有出厂合格证,使用前对其进行外观检查。

(2)吊装前,施工负责人组织吊装人员、司机和司索工共同制订吊装作业方案,统一指挥信号。

(3)吊车作业过程中经常检查吊车支腿情况,防止作业中地基下陷。

(4)司索工按确定的吊装点、捆绑方式进行捆绑挂钩,并确定防脱钩装置有效。

(5)使用前对吊车进行检查,检查各操作系统、制动系统、安全系统运转是否正常,同时检查钢丝绳、吊钩等是否符合规定,发现有不符合要求或损坏的应立即更换。

(6)吊装时,必须对称绑住重物,以保持重物在吊装过程中的平衡,不能倾斜起吊重物。吊装时要匀速提升,起吊时慢慢启动钢丝绳,使重物拉紧钢丝绳。吊装过程中,重物下方及周围严禁站人,防止重物意外坠落伤人。

(7)指挥人员所处的位置能够全面观察作业现场,并使起重工、司索工都能清楚看到;同时密切观察吊物和周围情况,及时发出指挥信号。

(8)指挥人员确定各方面准备到位,人员撤到安全区,发出试吊指令,试吊时重物调离地面不高于 10 cm,检查支腿、吊车安全装置,钢丝绳、吊具有无异样,确认安全后方可起吊。

(9)当有下述情况时不得挂钩:吊物重量不明,重心位置不清楚,尖棱利角和易滑处无衬垫,吊具及配套工具不合格或报废,包装松散、捆绑不良。

(10)当有下述情况时不得操作:吊车构件、零件有影响安全的缺陷和损伤;吊物超载或有可能超载;吊物重量不清;吊物被埋、被其他物品挤压或冻结在地面上;吊物捆绑不牢或吊挂不稳;被吊物棱角与吊绳间未衬垫;被吊物上有人或浮置物;作业场地昏暗,看不清场地,看不清指挥信号;操作中不能外拉斜吊。

(11)司机操作中:不得利用极限装置停车;不得利用打反车进行制动;不得在作业中检查维修;吊物不得从头上通过;吊物、起重臂下不得站人。

(12)严格按指挥信号操作,对紧急停止信号,无论何人发出,都必须立即执行。

(13)大雨及 6 级以上大风等恶劣天气严禁吊装作业。

(14)按操作规程定期检查、维修、保养,以保证机械正常使用。

(15)作业时,要经常观察吊车大臂、钢丝绳系统、限位装置等,如有异常,及时妥善处理,待问题处理后方可继续施工。

21)轻飘物管理措施

(1)施工范围内无散落、丢弃的土工布、彩条布等轻飘物。

(2)工布或彩条布每个网片纵横以 4 m×4 m 的间隔均匀设置压实点(网片织连在一起时织连处可以骑缝设置压实点),每个压实点用约 2.5 kg 的废弃砖石块覆压。

(3)每日巡视检查施工区域,并将巡查记录和发现的问题记入台账。巡查人员发现新增和拆除土工布或彩条布的处所要及时更新台账记录;发现土工布或彩条布老化糟朽时,及时更新并将旧网收集处理,不得散落丢弃;发现土工布或彩条布网片散开、松脱等加固不牢情况时,进行整治加固。

(4)密切关注天气变化,大风天气前安排人员对轻飘物、围挡等进行压实、固定牢固。接到大风预警和发现负责区域刮起大风时,施工负责人安排专人负责风前、风中、风后轻飘物巡视检查和整治加固。

22)汛期管理措施

(1)架空基础采用直径 30 cm 双壁波纹管连通,如图 5-4 所示,保证既有排水沟连通。

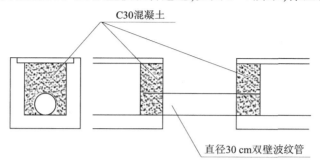

图 5-4 既有排水沟连通示意图

(2)基坑开挖后按设计要求或专项施工方案设置边坡防护措施。

(3)基坑开挖后在基坑底部设置临时排水沟及蓄水槽,蓄水槽尺寸为 0.5 m×1 m×1 m,蓄水槽间距不大于 30 m,每个蓄水槽内备用大功率水泵一个。

(4)开挖前边坡开口线 50 cm 范围内采用混凝土硬化,硬化范围外侧设置 40 cm 宽临时排水沟,临时排水沟开挖(或用砖砌水沟平台,上放直径 30 cm 排水管)后安排人员定期清理杂物。临时排水沟接入市政既有管网。

(5)基坑开挖前影响基坑开挖的既有设备必须全部迁改完成。

(6)基坑开挖后破坏的既有排水沟,采用双壁波纹管接入基坑坡顶临时排水沟内,临时排水沟低于既有排水沟至少 5 cm,以防止倒流。

(7)汛期期间施工单位安排人员 24 h 值班,值班人员要及时掌握所负责管段内的雨情、水情、灾情的变化,及时上报上级领导,各级领导手机保持 24 h 开机状态。

(8)各级值班人员要在指定的防洪地点值班,不得擅自离开,要按规定向上级值班人员或调度汇报值班情况。

(9)防洪、防汛领导小组成员随时待命,接到险情后,立即进入工作状态,做到反应迅速。

防洪备品信息见表 5-5。

表 5-5 防洪备品表

序号	品名	单位	数量	备注
1	编织袋	条	500	
2	彩条布	捆	2	
3	铁锹	把	15	
4	水泵	台	3	
5	道砟	m³	200	
6	抬杠	根	10	
7	抬筐	个	30	
8	防护旗	套	2	红、黄

续表 5-5

序号	品名	单位	数量	备注
9	号角	个	2	
10	撬棍	根	5	
11	镐	把	5	
12	起道机	台	2	
13	道尺	把	1	
14	电缆线	m	200	
15	发电机	台	1	
16	铁丝	kg	15	
17	钢叉	把	30	
18	柴油	L	45	
19	鼓包夹板	对	2	
20	急救器	套	1	
21	灯具	盏	5	
22	锯轨机	台	1	
23	切片	片	2	
24	钻孔机	台	1	
25	雨衣	套	20	
26	雨鞋	双	20	
27	救援梯子	把	1	
28	麻绳	m	100	
29	枕木	m³	10	
30	片石	m³	60	
31	木桩	根	60	

5.3 文明施工及环境保护措施

5.3.1 文明施工措施

1）文明施工目标

文明施工目标:遵照业主有关工地文明施工要求,配制各类牌图和宣传标语;施工人员统一着装,挂牌上岗,行为文明。施工现场布局合理,场地整洁,环境清洁,设备整齐,材料规整,标志齐全,遵纪守法,文明施工,确保达到安全文明工地要求。

2）文明施工保证措施

（1）文明施工

①对施工人员进行管理教育，施工人员须讲求职业道德，杜绝打骂、赌博、酗酒和偷盗等违法违纪以及其他不文明的行为，并自觉接受监督。

②采取措施处理生产生活废水，不得超标排放，并保证施工现场无积水现象。在多雨季节应配备应急的抽水设备和突击人员。

③施工现场、办公室内按要求布置图表，及时反映现场及工程进度状况。

（2）劳动安全卫生保障措施

①劳动安全卫生工作必须贯彻"安全第一，预防为主"的方针，坚持管生产必须管安全的原则。

②严格执行国家劳动安全卫生的法律、法规和规程、标准，采取措施，防止伤亡事故和职业危害。

③劳动场所及其安全卫生设施必须符合国家标准和行业规范。储运、使用各种易燃、易爆、强腐蚀等危险物品时，应有可靠的安全防护设施、报警装置以及紧急情况下的安全处置措施和救援措施；安全标志应齐全、规范。

④必须认真落实劳动卫生保障措施，建立健全本单位劳动安全卫生规章制度和操作规程。项目经理是本单位劳动安全卫生工作的第一责任人，应对本项目部的劳动安全卫生工作全面负责。

⑤按国家有关规定和行业特点设置劳动安全卫生管理机构，配备劳动安全卫生管理人员。

⑥劳动者在劳动过程中必须遵守劳动纪律和安全工作规程。对违规作业的，用人单位应及时纠正。

（3）生活保障

①施工人员驻地应配备完善的生活设施，安排施工人员食宿，保证施工人员有一个良好的生活和休息场所。

②施工现场禁止闲杂人员进入，特殊情况须经项目经理批准，由专人陪同进行。

（4）治安与防盗

①对员工进行遵纪守法教育，提高员工的守法意识。

②配备规定数量的安全员，专职负责员工的安全和治安保卫工作，预防事故和各类案件的发生，接受公安部门对治安、保卫工作的检查。

5.3.2 环境保护措施

施工及生活废水排放符合国家及地方法规规定标准；烟尘、粉尘排放控制在国家及地方法规规定标准以内；施工场界噪声控制在国家相关法规规定的标准以内；固体废物排放符合国家及地方相关法规要求；资源、能源消耗实行限额管理，严格控制在额定指标以内；杜绝重大环境投诉事件、事故的发生。

5.3.3 施工现场扬尘控制措施

（1）施工现场扬尘污染主要来源于道路的基坑开挖施工、物料运输、物料堆放、道路保洁、泥地裸露等活动中产生的粉尘颗粒物、四级(含四级)以上大风导致的扬尘。施工现场易产生扬尘污染的物料主要有水泥、砂石、建筑垃圾、工程渣土等。

(2)施工现场扬尘治理实行项目经理负责制,由专人负责扬尘作业控制管理。加强对施工人员的宣传教育,提高施工人员防治扬尘和大气污染的意识,形成层层齐抓共管、责任落实到位的局面。

(3)施工现场在施工准备阶段、土石方开挖阶段、基础施工阶段、主体施工阶段,全方位保持 8 个 100%:现场封闭治理 100%、现场湿法作业 100%、厂区道路硬化 100%、渣土物料覆盖 100%、工地内非道路移动机械车辆达标 100%、物料密闭运输 100%、出入车辆清洗 100%、扬尘监控安装 100%。

(4)施工场地地面、车辆行驶道路必须进行硬化处理,施工现场必须采取围挡封闭,且必须在围挡上安装喷淋设施,并视天气情况适时开启喷洒装置,保持路面湿润。施工区内派清扫班每日进行定时清扫,及时洒水,每天至少 1 次(不下雨的情况下),确保路面清洁;生活区、办公区由保洁员每天进行日常清扫工作。

(5)施工现场每日进行 1~2 次清扫,清扫的灰尘和垃圾必须及时处理至垃圾存放点,不得滞留。

(6)在清扫前,必须对路面、地面进行洒水,防止清扫时产生扬尘而污染周边环境。

(7)做好保卫工作,无关的扬尘污染源禁止带进工地。

(8)生活区垃圾箱必须及时更换垃圾袋,及时清运,及时上盖。

(9)工地出入口必须安装自动车辆冲洗设备,因受场地限制,不能安装自动车辆冲洗设备的,也必须配备高压水枪等简易冲洗设备,施工运输车辆必须在除泥、冲洗干净后再驶出作业场所。

(10)垃圾及砂石等材料的运输,可能导致在运输途中的撒、漏、扬等不良现象,造成扬尘污染和其他环境影响,必须实施控制。

(11)垃圾的清运和砂石材料的进场必须由车厢自动翻盖的车辆实施封闭运输,无此设备的车辆禁止进场运输。

(12)禁止超载,必须保证车厢封闭完整,不留漏缝。

(13)自动反倒时必须缓慢进行,禁止猛加油门而造成排气管冲灰,产生扬尘。

第6章

现场应急处置预案

6.1　应急组织机构

为保证生产安全事故应急救援工作顺利开展,避免事故施救过程中的盲目性,使应急救援工作有组织、有领导,应成立应急处置领导小组[32],在其统一指挥下,各个小组(见图 6-1)协同作战,迅速、高效地组织和实施救援,尽可能地避免和减少损失。

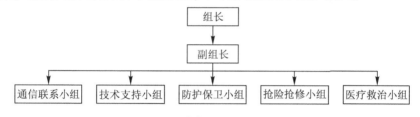

图 6-1　应急组织机构结构图

事故应急车为一辆乘用车,遇到紧急治安事件时打报警电话,遇到人身安全事故时打急救电话。

6.2　应急组织人员职责

6.2.1　组长职责

(1)判定是否存在或可能存在重大紧急事故,要求应急服务机构提供帮助并实施应急计划,在不受事故影响的地方进行直接指挥控制。

(2)复查和评估事故(事件)可能发展的方向,确定其可能的发展过程。

(3)指导设施的部分停工,并与领导小组成员的关键人员配合指挥现场人员撤离,并确保任何受害者都能得到足够的重视。

(4)与场外应急机构取得联系并对紧急情况的记录作业进行安排。

(5)在场(设施)内实行交通管制,协助场外应急机构开展服务工作。

(6)在紧急状态结束后,控制受影响地点的恢复,并组织人员参加事故的分析和处理。

6.2.2 副组长职责

(1)评估事故规模和发展态势,建立应急步骤,确保员工的安全,减少设施和财产损失。

(2)如有必要,在救援服务机构来之前直接参与救护活动。

(3)安排寻找受伤者及安排非重要人员撤离到集中地带。

(4)设立与应急中心的通信联络,为应急服务机构提供建议和信息。

6.2.3 通信联络小组职责

(1)确保与最高管理者和外部联系畅通、内外信息反馈迅速。

(2)保持通信设施和设备处于良好状态。

(3)负责应急过程的记录与整理及对外联络。

6.2.4 技术支持小组职责

(1)提出抢险抢修及避免事故扩大的临时应急方案和措施。

(2)指导抢险抢修组实施应急方案和措施。

(3)修补实施中的应急方案和措施存在的缺陷。

(4)绘制事故现场平面图,标明重点部位,向外部救援机构提供准确抢险救援信息资料。

6.2.5 防护保卫小组职责

(1)设置事故现场警戒线、岗,维持工地内抢险救护的正常运作。

(2)保持抢险救援通道的通畅,引导抢险救援人员及车辆的进入。

(3)抢救救援结束后,封闭事故现场直到收到明确解除指令。

6.2.6 抢险抢修小组职责

(1)实施抢险抢修的应急方案和措施,并不断加以改进。

(2)寻找受害者并转移至安全地带。

(3)在事故有可能扩大进行抢险抢修或救援时,高度注意避免意外伤害。

(4)抢险抢修或救援结束后,直接报告最高管理者并对结果进行复查和评估。

6.2.7 医疗救治小组职责

(1)在外部救援机构未到达时,对受害者进行抢救(如人工呼吸、包扎止血、防止受伤部位受污染等)。

(2)使重度受害者优先得到外部救援机构的救护。

(3)协助外部救援机构转送受害者至医疗机构,并指定人员护理受害者。

6.3 应急处理程序和措施

6.3.1 联络处理程序

(1)发现事故人应立即呼喊发出警报。

(2)立即向值班调度和主管领导报告。

(3)值班调度接到报告,立即通知有关小组到位,并与主管领导取得电话联系。

(4)主管领导应立即到达现场,根据现场情况做出进一步安排。

6.3.2 应急疏散组织程序和措施

1)应急疏散组织程序

(1)以最快的速度疏散路线的安全地带。

(2)迅速查明事故现场需疏散的人员数量和方位。

(3)向疏散人员讲明正确的逃生路线和方法。

(4)按顺序保证人员迅速撤离现场。

(5)组织重要资料的转移。

2)应急疏散措施

(1)首先稳定在场人员的情绪,防止造成混乱。

(2)确定逃生路线后要组织进行有秩序的迅速撤离,防止拥挤。

6.3.3 抢救事故程序和措施

1)抢救事故程序

(1)迅速发出事故警报。

(2)查明事故原因。

(3)查明发生事故的种类。

(4)迅速关闭现场的电源。

(5)移开附近的易燃物品和易爆炸物品。

(6)采取对应的抢险器材和工具,控制事故的扩大。

(7)迅速向有关部门报告。

2)抢救事故措施

(1)事故初期要迅速组织抢险抢修小组进行抢险。

(2)利用既有的就近抢险器具和材料进行事故抢修。

(3)对妨碍抢险的障碍物要强行拆除。

(4)应急小组要及时确定对环境的影响后果,制订相应的对策。

(5)事故难以控制时,要果断向上级领导报告。

6.3.4 通信联络程序和措施

1)通信联络程序

(1)事故发现人发出事故警报。

(2)向主管领导和值班调度报告事故情况。

(3)主管领导或者值班调度迅速与各小组联系组织抢修。

(4)向上级有关部门进行报告。

(5)向上级单位求援。

2)通信联络措施

(1)事故发生时要利用就近的通信工具报警。

(2)就近没有通信工具时要以最快的速度通知有关领导。

(3)主管领导和各小组之间应保持联络的畅通无阻。

(4)向外部求援要有专人负责引导车辆。

6.3.5 安全防护和救护程序和措施

1)安全防护和救护程序

(1)事故发生时迅速在现场周围布置警戒线。

(2)指导逃生出来的人员迅速撤到安全地带。

(3)抢救受伤人员和进行临时救护。

(4)与外部医院联系协助救援。

2)安全防护和救护措施

(1)根据事故大小确定现场的警戒线范围。

(2)防止无关紧要的人员出入事故现场。

(3)确定安全地带,疏散安置遇难人员。

(4)对受伤人员进行现场抢救。

(5)发生人员伤亡时,及时送往医院治疗。

(6)维护好事故周围的治安,防止因事故发生失盗。

(7)事故抢修后,保护现场,协助上级领导对事故的调查。

6.3.6 内部联系及报告

内部联系:各部门从事故发生发出警报开始,一方面要向上级汇报情况,另一方面要互相联系,做到各部门协调配合、尽快处理。

内部报告:报告内容要简练,讲清出事地点、事故情况。

6.3.7 应急联络和现场保护

安全事故发生后,事故现场人员必须以最快捷的方法,立即将所发事故的情况报驻站联络员,由行车调度室做好行车调度安排。

安全事故发生后,必须严格保护事故现场,并迅速采取措施抢救人员和财产,防止事故蔓延扩大。因抢救伤员、防止事故的扩大及疏通交通等需要移动现场物件时,在不影响列车行车的情况下,必须做出标志、拍照、录像、详细记录和绘制事故现场图,并妥善保存现场重要痕迹、物证等。

6.4 应急预案

6.4.1 断、胀轨应急预案

(1)当养护作业人员发现胀轨跑道或断轨时,应立即用对讲机或电话通知驻站联络员及项目应急小组,现场安全人员第一时间拦、扣停列车并封锁区间,同时安排防护人员分头进行防护,并在故障地点设置停车信号[33,34]。

(2)轨道电路闭塞区段,使用联电装置(凡能导电的金属体)在故障地点的信号显示方搭连两股钢轨,使信号跳红。

(3)在故障地点注意倾听和瞭望,发现来车时,急速奔向列车,显示停车信号(含徒手信号)拦停列车。

(4)不能联电时,按第(3)项执行,同时将故障向车站汇报,口头办理临时封锁手续,同时驻站联络员办理故障登记手续,应急小组立即启动应急处置预案,组织人员抢修。

(5)断轨的紧急处理:当钢轨断缝不大于50 mm时,应立即进行紧急处理。在断缝处上好夹板或鼓包夹板,用急救器固定,在断缝前后各50 m拧紧扣件,并派人看守,放行列车速度不超过15 km/h。如断缝小于30 mm,放行列车速度不超过25 km/h。

(6)断轨的临时处理:钢轨折损严重或断缝大于50 mm,以及紧急处理后,不能立即焊接修复时,应封锁线路,切除伤损部分,两锯口间插入长度不小于6 m的同型钢轨,轨端钻孔,上接头夹板,用10.9级螺栓拧紧。在断轨前后各50 m范围内,拧紧扣件后,按正常速度放行列车,但不得大于160 km/h。

(7)无论作业中或作业后,发现线路轨向不良,用10 m弦测量两股钢轨的轨向偏差。当平均值达到10 mm时,必须设置移动减速信号,并采取夯拍道床、填满枕盒道砟和堆高砟肩等措施,来不及设置移动减速信号的,现场防护员应显示黄色信号旗(灯),指示列车限速运行,并及时报告车站值班员限速地点和限速值;当两股钢轨的轨向偏差平均值达到12 mm,必须立即设置停车信号防护,及时通知车站,并采取钢轨降温、切割等紧急措施,消除故障后放行列车。

(8)发现胀轨跑道时必须立即拦停列车,尽快采取措施,恢复线路,首列放行列车速度不超过15 km/h,并派专人看守、整修线路,逐步提高行车速度。

(9)在24 h内按《普速铁路线路修理规则》规定进行临时性处理,随后由工务组进行永久处理。

6.4.2 挖断地下管线应急预案

(1)在施工过程中,不慎挖断电缆或使破损管线设备受损,立即停止施工,确认电缆性质及归属单位,现场施工员通知项目负责人,由项目负责人立即通知电缆、光缆的设备管理单位及各应急小组负责人,并立即启动应急处置预案。

(2)抢修小组立即进入事故现场,对事故现场和事故原因展开调查,同时做好抢修准备工作:开挖接头坑,开挖的接头坑至少保证两个人可以工作,在损坏的光、电缆两侧开挖5~10 m电缆沟。

(3)外协人员与光、电缆的使用单位协调解决处理方案。最好先采用临时过渡方案或起用备用光、电缆的方法代替受损的光、电缆使用,使事故造成的损失降到最低。

(4)物资部立即准备工程抢险的一切物资,并以最快的速度送往事故现场。抢险物资到位后,抢险组立即抢修,以最快的速度恢复受损光、电缆的正常使用。

6.4.3　人身伤害应急预案

（1）发生伤亡事故,现场人员须迅速使伤员脱离危险地方,移至安全地带,并立即向项目部领导报告。

（2）救护小组及时联络救援人员、车辆和物资,立即拨打120与当地急救中心取得联系（在医院附近的直接送往医院）,应详细说明事故地点、受伤程度、联系电话,并派人到路口接应。

（3）项目部接到报告后,应立即在第一时间赶赴现场,了解和掌握事故情况,开展抢救和维护现场秩序,保护事故现场。应急小组立即组织抢险队伍,进入应急状态,控制事故蔓延发展。

（4）正确快速地引导救援、救护车辆,对伤员正确施救,保护事故现场。

（5）死亡事故发生后必须及时报告公司安质部和公司领导。

6.4.4　行车事故应急预案

在接到既有线发生行车事故的信息后,应急小组立即向行车部门和工务部门报告,告知事故发生的里程和影响程度。根据线路受影响情况,以及《铁路技术管理规程》《普速铁路工务安全规则》设置封锁或慢行防护,确保后续行车安全,指挥小组要立即组织员工恢复线路。

注意事项：

（1）发生影响行车的事故后,在故障地点设置停车信号,如瞭望困难,遇降雾或夜间等,还应点燃火炬。

（2）轨道电路闭塞区段,使用联电装置（凡能导电的金属体）在故障地点的信号显示方搭连两股钢轨,使信号跳红。在故障地点注意倾听和瞭望,发现来车时,急速奔向列车,显示停车信号（含徒手信号）拦停列车。

（3）不能联电时,按第（2）项执行,将故障向车站汇报,口头办理临时封锁手续,同时驻站联络员办理故障登记手续,应急小组立即启动应急处置预案,组织人员抢修。

6.4.5　接触网事故应急预案

如发生接触网事故,在第一时间通知车站调度及设备管理单位,项目部启动应急程序,配合单位派出专业抢修人员到达现场,向车站汇报情况,申请临时抢修点;项目部做好现场防护及配合工作,争取在最短时间内解决出现的问题。

注意事项：

（1）行调下达准备作业命令后,作业车运行至事故地点并设好行车防护即开始抢修。

（2）分派人员到相应锚段关节处,将跑出补偿滑轮组的补偿绳重新装入滑轮内,将倒置的坠砣扶起,并用铁线临时绑扎到支柱上。

（3）如果接触线和承力索的断线在同一跨距内,则先做接触线的接头,其他人员根据做接触线接头的作业进展情况,对承力索的断头做初步处理,并做承力索两断头的回头,在承力索两断头合适位置安装紧线器,用手扳葫芦或滑轮组将两断头拉起一定程度。

（4）如果接触线和承力索的断线部位不在同一跨距内，根据情况，合理安排并组织人员，同时进行接触线和承力索的断线接头作业。在安装接触线接头线夹的作业时，做承力索断线接头的人员在此时停止涉及接触线的操作，以保证接触线接头线夹的安装速度与质量。此种情况的作业为交叉作业，两组分别做接触线、承力索接头人员，在操作过程中做好各环节的配合工作，领导人要及时做好协调工作。

（5）如果承力索接触线因断头损坏需要做两个接头，则根据情况用预制的连接线进行制作。

（6）在做接头的整个过程中，锚段关节处人员根据断线地点处的作业要求，及时进行配合。

（7）安装吊弦及损坏的定位装置，调整接触悬挂。

（8）清理作业现场，无其他问题则结束作业。

6.4.6　电力架空线路断线应急预案

（1）发生电力电缆及架空线路断线事故后，第一时间通知驻站联络员和施工负责人，并在事故地点设置停车防护，拦停列车。

（2）在事故地点设置隔离防护，禁止无关人员进入现场，并通知设备管理单位事故放生的地点、事故具体情况等，方便设备维修人员做出准确判断和做好准备，在最短时间内到达事故地点并开始维修作业。

（3）我方在现场及附近施工的人员、机械等尽一切可能对维修所需提供帮助，尽量缩短维修时间，减少损失，尽快恢复行车。

6.4.7　路基坍塌应急预案

（1）坍塌事故发生后，立即通知项目经理，项目部应急救援小组人员应立即赶往出事地点，积极对伤员进行救护，同时应逐级上报到应急预案指挥部。

（2）防护人员要加强行车防护，驻站联络员带上对讲机或手机，随时保持联络；线路工观察线路变化情况，配备足够的人力、物力保证列车通行。救援小组立即制订塌方处理办法，确保行车安全。物资供应人员应及时将救援所需的器械供应到现场，保证抢救工作的顺利进行。

（3）当塌方位置在箱涵前端两侧，塌方量小时，组织人力抢险，短时间清除塌方，箱涵向前顶进；箱涵向前移动后，在箱涵两侧塌方处用砂夹碎石回填夯实，消除行车危险。当塌方量过大时，线路短时间内不能完成加固，要立即通知车站封锁该段线路，同时上报主管领导。在封锁时间段，加固线路，用编织袋装砂码放在塌方处，尽快恢复行车，确保列车安全运行。

（4）对事故现场采取保护或拍照等措施，留存重要痕迹物证等，为事故查处提供完整、可靠的依据。

6.4.8　防洪应急预案

（1）接到洪水预报时，项目部组织人员立即赶往出事地，对重要部位进行防护，疏通现场水道。施工现场应对架空线路附近路基加强观察。

（2）指挥小组迅速到位，指挥抢险工作，并及时向上级有关部门汇报。

（3）抢险突击队立即集合到位，在小组指挥下实施抢险工作，确保行车安全。

（4）洪水发生时，抢险突击队要保护好电力设备，确保顶进基坑的水及时排出。

（5）顶进开挖要严格按照边开挖边顶进的方案进行，严禁超挖，防止大面积塌方。顶进挖土施工采用机械刷坡和清底，刷坡和清底时必须指派专人在线路旁瞭望防护，时刻观察周围土体的变化情况，同时要加强对线路几何尺寸的检查。机械刷坡必须严格按技术交底施工，开挖坡度设置为 1:0.3，杜绝挖神仙土，适当预留台阶，保证作业人员的作业面。列车通过时不得挖土，防护人员应通知挖土人员及时离开作业面进入箱身内。遇集中降雨，应停止顶进作业，桥涵前方开挖面和侧面滑塌面要重点监控，并用彩条布覆盖。

（6）为确保基坑安全，基坑周边设置挡水坎和排水沟。基坑边堆土要有安全距离，基坑顶 2 m 范围内严禁堆放建筑材料，防止堆放过程中动荷载对土体的震动造成原土层内部颗粒结构发生变化。基坑上口四周用砂袋或黏土堆拦水坎，防止雨水渗入基坑。出土通道外沿用编织袋装砂做围堰，防止雨水倒灌；坑底设置排水沟并按 0.3% 坡度前高后低汇至坑角集水井，污水泵抽排至工作坑外排水系统。

①随时观察基坑边坡是否出现裂缝、坍塌等现象，以及沿线路基边坡的变化情况。若出现重大安全隐患，立即对危险区域进行封闭，停止施工。对行车造成影响的要立即采取措施，防护后组织人员抢险，并设置安全警示标志，派专人值班，严禁无关人员接近危险区域，并立即上报；雨后对基坑设施进行全面检查，无安全隐患后，方可施工。

②地表明水的处理：桥涵施工时，要做好基坑周围地表水的疏导、排出工作，施工时基坑外设截水沟阻断地面明水进入基坑。

③基坑下部水的处理：工作坑坑底四周设矩形排水沟，同时四角设置直径 1.0 m，深度 1.0 m 的集水井，然后采用污水泵将其排出工作坑。

6.4.9 大型机械设备事故应急预案

（1）事故发生后，在现场的人员应立即切断电源，关闭发动机。

（2）组织人员抢救伤员，尽快解除重物压迫，减少挤压综合征发生，并转移至安全地点。

（3）挤压部位有开放创伤及出血者，应及时止血。

（4）骨折者时应及时用夹板等简易固定伤员后立即送往医院。

（5）立即拨打 120 急救中心电话，讲明事故地点、伤员受伤程度、联系电话并派人到路口接应。

（6）及时拨打现场值班电话并通知有关负责人员。

（7）注意事项：事故发生后应组织人员进行全力抢救，视情况拨打 120 急救电话并通知有关负责人。注意保护好事故现场，便于调查分析事故原因。对伤肢不应抬高、按摩或热敷。

6.4.10 大风应急预案

（1）工地施工用的模板、脚手架、围挡、防尘网等易被大风刮起的施工材料要设专人看管；当大风超过 4 级时，由作业人员报告现场施工负责人，并由施工负责人带队对现场进行检查,发现并消除存在的安全隐患。

(2)施工中采用土工布覆盖压实,阻挡施工中物料、建筑垃圾和渣土等外逸,避免粉尘、废弃物和杂物飘散。

(3)施工现场的区域施工过程中要做到作业完毕后立即清场,以免在未封闭阶段,刮风时将灰尘吹入空气中。

(4)各区域内的建筑垃圾及时清理,要求活完料净场地清,作业中不许将垃圾从高处直接抛下,应通过管道或容器装运。每个区域要设有垃圾区,及时将垃圾运入垃圾站。

(5)工棚、露天仓库或封闭仓库地面均采用水泥地面硬化。水泥存放下放至木方上垫脚手板,按 1.5 m 码放,用塑料布进行覆盖和封闭,上压木方。使用水泥时,必须将散落水泥清理干净。

(6)施工现场主要施工道路和生活、办公区域每天设专人清扫,用洒水车随时进行洒水压尘。施工现场按单位工程进行分区管理,责任到人。

(7)当风力达到 6 级时,为保证列车安全运行,施工现场全部停工。

6.4.11 消防应急预案

1)预案讲解

(1)情况设定:地面固定可燃物明火。

(2)人员组成:在场的所有人员均有义务参加火灾的扑救。

(3)人员分工:在场的职务最高者,为火灾扑救指挥人员。指挥人员特殊情况下不能亲自指挥的,可指定其他人员代替。根据现场人员情况,可将其分为指挥组、通信组、扑救组、防护组和保障组。

(4)现场扑救:火灾发生后,在场人员应迅速查明起火原因、燃烧物质的类型,制订相应的扑救方案,并对人员进行分工。要及时切断电源,利用一切灭火器材进行扑救。控制火势蔓延。如火势不能控制,立即报警并向上级报告。在火势得到控制后,要组织清理现场,防止复燃。

(5)灭火过程中"三先三后"的战术原则:先控制、后消灭;先救人、后灭火;先重点、后一般。

(6)有关要求:在场所有人员一定要听从火场指挥员的统一指挥,不能任意行事,更不能临阵逃脱。人员按分工进行扑救工作,在实施过程中,根据火情及时调整人员。

(7)火灾扑救指挥人员注意事项:指定专人引导消防车辆;集中力量控制火势;组织火场供水;消灭飞火,避免新火场;疏散物资,建立空间地带;防止建筑物倒塌伤人;查找被困人员,及时抢救。

2)扑火程序

(1)发现火情及时向施工负责人报告。

(2)迅速组织现场人员撤离。

(3)启动应急预案,组成现场扑救领导小组,了解起火原因、燃烧物质并迅速组织消防器材到位。

(4)根据火情迅速进行人员分工。

（5）按人员分工组织现场扑救、物资疏散、器材供应、人员搜救等各项工作。

（6）火情扑灭后，组织消灭余火和现场清理工作。

6.5 应急备品

应急备品信息详见表6-1。

表6-1 应急备品表

名称	单位	数量	备注
铁锹	把	20	
羊镐	把	10	
撬棍	根	10	
道碴	立方	20	
编织袋	个	200	
篷布	m	200	
千斤顶	台	2	50 t
水泵	台	4	
电线	m	200	
回流线（长）	m	30	2 根
回流线（短）	根	4	
防护包	个	4	防护用具配齐
氧气乙炔	套	1	
钢轨	对	1	P60 轨 6.25 m
齿条起道机	台	4	
液压式起道机	台	4	
$\phi16$ 棕绳	m	50	
发电机	台	1	
锯轨机	台	1	
钻眼机	台	1	

参考文献

[1]梁云波.顶进框架涵下穿铁路道岔区加固技术研究[J].施工技术,2018,47(11):132 -134.

[2]胡国平.框架涵下穿铁路安全监控与施工风险分析[D].南昌:华东交通大学,2016.

[3]李永恒.框架涵下穿营业线顶进施工技术探索与实践[J].工程建设与设计,2021(9):135 -138.

[4]何俊.浅谈下穿铁路顶进施工技术[J].科技与企业,2013(21):193-194.

[5]余冬冬.下穿铁路顶进框架涵工作坑开挖施工技术探究[J].建材与装饰,2020(8):294 -295.

[6]尹继明,吕凡任.城市地道桥顶入法施工技术[J].山西建筑,2007(22):147-148.

[7]张瑞蓉.地道桥顶进施工吊轨加纵横加固体系设计[J].建材与装饰,2018(46):251-252.

[8]龚晓南.《土力学及基础工程实用名词词典》(第二版)简介[J].地基处理,2019,1(3):32.

[9]白辉.基于BIM的城市景观桥梁深化设计方法[J].居舍,2021(1):100-101.

[10]李少先.管幕法框架施工下穿既有线对接既有涵技术研究[J].铁道建筑技术,2021 (10):155-158.

[11]徐耀琴.下穿既有线顶进式框架桥工程造价管理研究[D].北京:北方工业大学,2020.

[12]钱海啸.框架桥下穿既有线数值分析与监测预警技术研究[D].成都:西南交通大 学,2022.

[13]姚志栋,甘杰晶,章舒展.某大直径钻孔灌筑桩断桩处理实例[J].浙江水利水电专科学 校学报,2011,23(4):15-17.

[14]原晓东.泥浆护臂旋挖钻孔灌筑桩断桩处理技术难点[J].门窗,2019(8):154.

[15]余刚.浅谈桥梁钻孔灌筑桩断桩处理及预防措施[J].广东建材,2020,36(5):54-56.

[16]王伟,宋宗杰,支伟群,等.某工程灌筑桩钻孔缩径原因分析与处治措施[C].中国建筑学 会地基基础学术大会(2023),2023.

[17]张晓明.浅谈钻孔灌筑桩的施工控制[J].淮北职业技术学院学报,2017,16(6):140 -142.

[18]汉东.下穿营业线铁路的框架涵顶进施工方案研究[J].中国建筑金属结构,2020(8):40 -41.

[19]李红昌.正循环泥浆护壁钻孔灌筑桩缩径及处理方案[J].中国建筑金属结构,2024,23 (6):108-110.

[20]何绵超.桥梁桩基施工中的常见问题及施工技术要点研究[J].交通世界,2024(14):185 -187.

[21]方大为.探讨道桥桩基施工中的常见问题及技术要点[J].民营科技,2017(6):135.

[22]丁新胜,魏奎斐.架空顶进与架空现浇相结合在同一座箱桥施工中的应用[C].2020年 全国土木工程施工技术交流会,2020.

[23]吴汉忠.普速铁路工务安全规则实施相关问题的探讨[J].上海铁道科技,2017(4):13-14.

[24]铁路混凝土工程施工技术指南[S].TZ 210—2005

[25]《建筑工程施工组织设计实例应用手册》[J].建筑技术,2016,47(8):767.

[26]柴东海.普速铁路线路设备现状及修理对策[J].中国铁路,2017(12):51-54.

[27]王秋显.厂拌热再生沥青混合料施工技术分析[J].中国公路,2018(11):156-157.

[28]公路工程现行标准、规范、规程、指南一览表[J].公路,2019,64(2):292-294.

[29]中华人民共和国交通部.沥青路面施工及验收规范:GB 50092—1996[S].北京:中国标准出版社,1996.

[30]全国认证认可标准化技术委员会.合格评定　管理体系审核认证机构要求　第10部分:职业健康安全管理体系审核与认证能力要求:GB/T 27021.10—2021[S].北京:中国标准出版社,2021.

[31]贾鲁峰.浅谈临时作业安全管理[C].2012年全国冶金安全环保暨能效优化学术交流会,2012.

[32]刘勇.刍议危大工程专项施工方案中的应急预案[J].建筑安全,2020,35(8):67-69.

[33]史绍东.顶管工作井施工安全管理研究[J].水上安全,2024(12):160-162.

[34]邵涛,杨启超,蔡大成,等.建设工程管理风险防范与控制分析[J].新城建科技,2024,33(5):178-180.

附 录

附录1 施工平面图

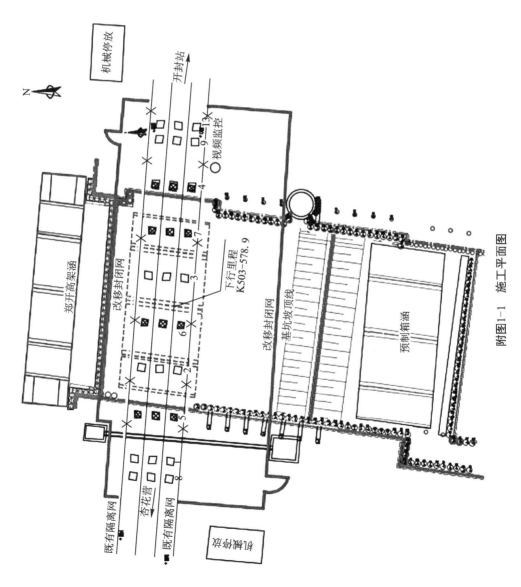

附图1-1 施工平面图

137

附录2　线路架空图

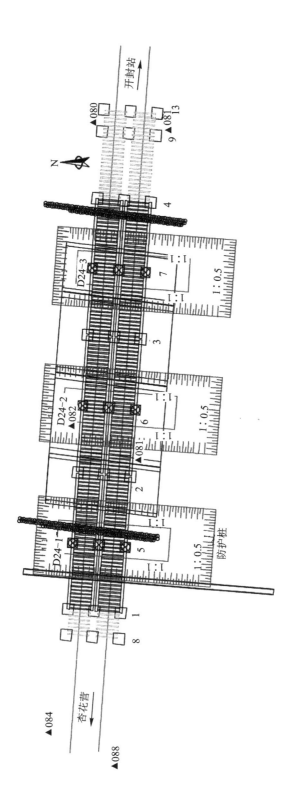

附图2-1　第一次架空图

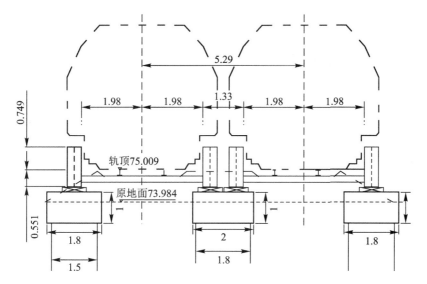

附图2-2　线路架空立面图

附录3 施工要点轮廓计划

附表 3-1 开封市黄河大街下穿陇海铁路工程营业线 III 级施工轮廓计划

施工等级	线路	行别	施工项目	施工日期	施工地点	封锁停电时间	施工内容及影响范围	限速及行车方式变化	设备变化	运输组织	施工单位及负责人	备注
III	陇海线	区间上下行		2024 年 6 月 1 日 0:00 至 2024 年 12 月 31 日 24:00	杏花营—开封站 k503＋500 至 k503+640	无	陇海线杏花营至开封站区间上行、下行线 k503＋500 至 k503＋640 处,基本建筑界以外,安全限界以内,设置隔离网安拆、电缆沟开挖及回填、备料、基槽、线路及架空设备巡视检查、钻孔桩施工,高压旋喷桩施工	无	无		中铁七局集团有限公司;配合单位:郑州电务段、郑州供电段、郑州桥工段、郑州通信段	

附表 3-2 开封市黄河大街下穿陇海铁路工程邻近营业线施工轮廓计划

类别	线路	行别	施工里程	施工项目	施工时间	施工地点	施工内容影响范围	施工机械
邻近 C 类	陇海线	区间上下行	k503+480 至 k503+720	开封市黄河大街南延(魏都路)下穿陇海铁路及夏大道下穿陇海铁路及油库专用线立交工程	1 至 30 日 00:00～24:00	开封站—杏花营站	1.陇海线上行、下行 k503＋480 至 k503＋720 段进行场地平整、硬隔离安装、基坑防护桩、高压旋喷桩、冠梁、抗浮桩、材料倒运、光、电缆沟深挖、回填、电缆敷设、防护、电缆井砌筑等。2.变形监测:上行、下行 k503＋480 至 k503＋720 范围内对陇海线路进行自动化沉降变形监测。3.影响范围国:不影响其他单位施工和行车安全,不影响营业线设备稳定,使用利维修作业	挖掘机 1 台、混凝土罐 1 个、循环钻机 3 台、25 t 吊车 2 台、高压旋喷桩钻机 2 台

附表 3-3　开封市黄河大街下穿陇海铁路工程慢行施工轮廓计划

施工等级	线路	行别	施工项目	施工日期	施工地点	封锁停电时间	施工内容及影响范围	限速及行车方式变化	设备变化	运输组织	施工单位及负责人	备注
Ⅲ	陇海线	区间上下行		××年××月××日 08:00 至××年××月××日 18:00	杏花营—开封站 k503+500 至 k503+640	无	陇海线杏花营至开封站区间上、下行线 k503+500 至 k503+640 处，长期慢行，慢行期间框架桥顶进作业。分别封锁陇海线杏花营至开封站区间上、下行线 k503+500 至 k503+640 间线路，进行应力放散（点毕前 10 min 电务检查测试），接触网迁改，方枕、穿横道作，回填道作，线路抬梁、线路架空设备检查养护、路基开挖及拆除、纵梁安拆及置换注浆、沉降观测点布设、轨道自动化安装及拆除、线路恢复等施工（具体内容以施工日计划提报为准）点后开通线路	施工期间陇海线杏花营至开封站区间上、下行线 k503+480 至 k503+660 处限速45 km/h			中铁七局集团有限公司;配合单位:郑州车务段、郑州电务段、郑州供电段、郑州桥工段、郑州通信段	

附录4 安全避车区

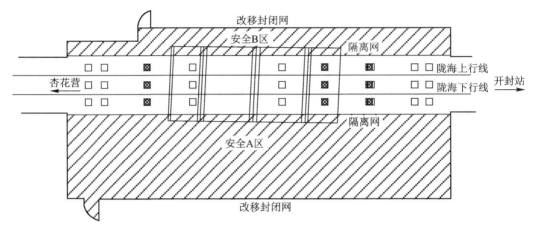

附图4-1 点外作业安全避车区

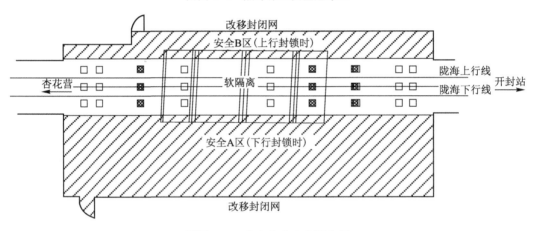

附图4-2 点内作业安全避车区

附录5 慢行、封锁防护图

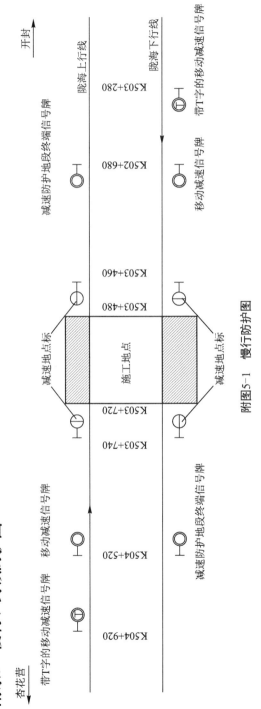

附图5-1 慢行防护图

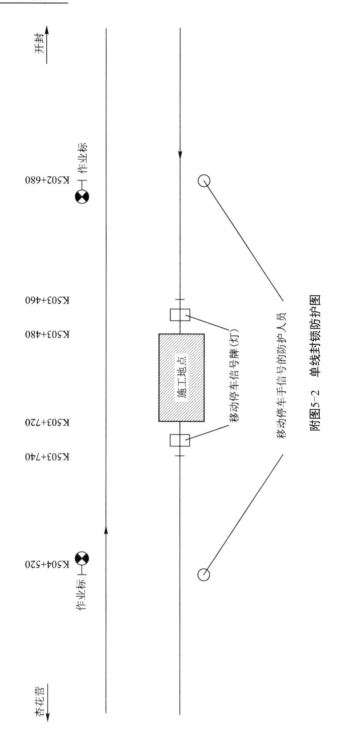

附图5-2　单线封锁防护图

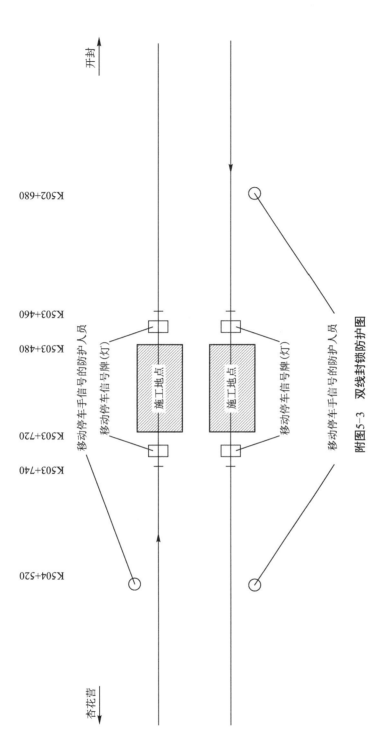

附图5-3　双线封锁防护图

附录6　慢行、防护员及作业人员行走路线图

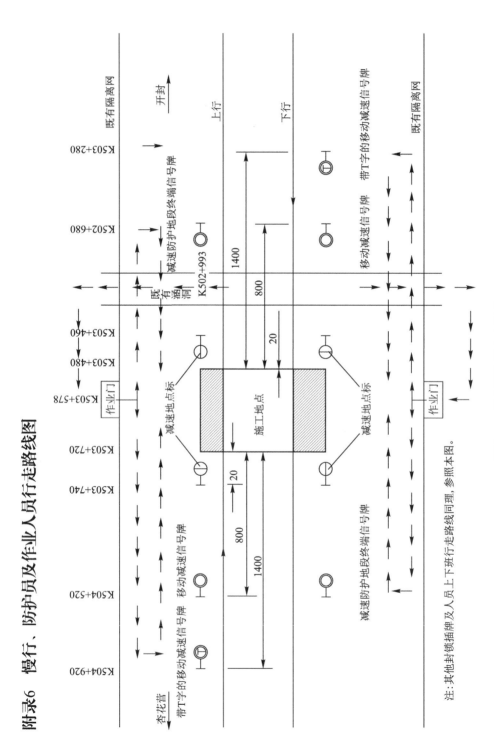

注：其他封锁插牌及人员上下班行走路线同理，参照本图。

附图6-1　慢行插牌行走路线图

146

附录 7　安全关键卡控表

附表 7-1　安全关键卡控表

序号	卡控项目	作业内容	安全卡控重点	卡控措施	负责人
1	要点施工安全	登记命令发布	施工人员在封锁命令下达前上道作业	1. 驻站联络员于施工前规定时间在要点登记按规定要求进行登记，或将审核过的登记内容粘贴在"行车设备施工登记簿"内。 2. 车站值班员核对登记内容无误后，报告列车调度员。 3. 车站值班员接受施工命令并核对命令内容无误后，在"行车设备施工登记簿"上登记命令号，将调度员命令交施工、设备管理和配合单位，设备管理、配合单位驻站联络员签认，方可准许各单位按命令要求进行施工。 4. 电化区段，驻站联络员得到列车调度员发布的接触网已停电的调度命令，并确定接触网施工安设地线后，方可进行必须停电后进行的施工作业。	
2		施工防护	施工人员在警戒绳及红牌设置前上道作业；施工人员超范围施工或跨越警戒绳；驻站联络员与现场防护员联络不通畅	1. 防护人员必须由经培训合格的正式职工担任，按规定着装并持证上岗，防护用品齐全有效。 2. 施工现场要严格按规定设置防护标志，未设好防护标志禁止开工。防护标志须设置正确，性能符合规定。 3. 施工现场设置醒目的安全警戒绳，施工人员不得越过警戒绳作业。 4. 驻站联络员要随时与现场防护员联系，至少每 3 min 联系一次	
3		便梁加固线路施工	抽换横抬梁时，绝缘垫片位置造成走电；主梁横移、纵移时速度过快制动困难，摆动范围侵限及滑机动范围侵限；枕木垛及滑机搭设不牢固导致便梁掉落	1. 在自动闭塞区段施工时，应保持机道线路绝缘良好。 2. 电气化区段采用机械卸便梁时，应申请接触网停电；人工装卸时，枕木垛应搭设稳固，滑机应有足够的强度和刚度。 3. 便梁组装应严格按装卸的便梁定位线和组装程序进行，不得侵线。 4. 工具、设备应采取绝缘措施，防止车辆电路短路，采用便梁加固线路时，临时支垫应安全可靠。 5. 施工过程中，应加强对便梁支墩的防护。纵横梁应连接牢固，横梁底部道床应捣固密实，纵梁端部用短木支垫牢固	

续附表 7-1

序号	卡控项目	作业内容	安全卡控重点	卡控措施	负责人
4	要点施工安全	机具路料存放	施工机具存放移至存放位置超过铁路接近限界；便梁存放过高，倾覆后有侵限危险；便梁支点因雨季沉降导致支点不稳定	1.靠近线路堆放材料、机具等，不得侵入建筑接近限界。 2.施工结束后，施工单位要立即清理、回收路料和施工机具。对当日不能回收的，要整齐码放在线路安全距离外，严禁侵入限界，并安排专人负责24 h看守。 3.设备管理单位要加强检查、监督	
5		销记开通	未能在封锁点内完成施工，造成延点；销记开通后现场遗漏侵限机具	1.施工单位完成作业后，经施工、设备管理单位检查，确定达到放行列车条件（接触网合闸送电条件）后，方可由施工负责人（或驻站联络员）、设备管理单位指定人（或设备管理单位确认人员）办理开通登记（施工销记）。 2.如遇特殊情况不能按时开通时，施工负责人（驻站联络员）应提前30 min通知车站值班员，提出延时申请	
6	电缆安全	挖掘机作业	地下电缆安全	开挖基坑前应首先联系相关部门到场确认电缆位置，需要迁移则立即进行迁移。已明电缆确认完毕后，技术人员应在现场准确放出承台边线，以开挖深度及放坡坡度确定开挖边线后，人工开挖"一"字形电缆沟，电缆沟深度2 m左右，寻找未明电缆。如找出未明电缆，则应尽快确认电缆沟所属是否现用，待确认后方可继续施工	
		大型机械作业	架空电缆安全	大型机械作业必须一人一机防护，司机严格依照指挥员手势作业，作业时机械与架空电缆距离不小于2 m	
7	人身及机械操作安全	防高空坠落	脚手架搭设	1.搭设用钢管和扣件必须符合国家标准，禁止使用有严重锈蚀、弯曲变形或有裂纹的钢管，脆裂、变形、滑丝、滑扣也禁止使用。脚手架内立杆与外墙面间按规定进行防护。 2.脚手架上人斜道应有独立的支撑系统，转角休息平台应不小于2 m²，斜道坡度不得大于1:3，防滑条的间距不得大于30 cm。钢管脚手架立杆的底脚应直稳放在混凝土块或硬化地基上，并设纵、横向扫地杆。 3.脚手架两端、转角处以及外侧的剪刀撑必须连续到底，拉结点和搭造数量应符合要求	

续附表 7-1

序号	卡控项目	作业内容	安全卡控重点	卡控措施	负责人
7		防高空坠落	模板施工	1. 下层结构的强度, 当达到能承受上层模板、支撑和新浇混凝土的重量时方可进行支立。 2. 支设模板时, 必须搭设施工层。脚手板铺严, 外侧应设防护栏杆, 不准站在柱模板上操作或在模板上行走, 更不允许利用拉杆支撑攀登上下。 3. 五级以上大风, 必须停止模板的安装工作。	
			混凝土输送泵车	1. 安放在经过硬化的密实地面上, 并尽量远离坑边, 防止下陷和塌落。 2. 泵必须采用三相五线制供电, 电缆规格与泵的功率相匹配, 要求有独立的符合标准要求的三级配电箱, 箱内不允许外接其他电线。	
8	人身及机械操作安全	机械操作	挖掘机作业	1. 作业时, 各操纵过程应平稳。铲斗升降时、下降时, 不得过猛, 不宜紧急制动。 2. 斗臂在抬高及回转时, 不得碰到周围的树木, 浆砌护坡及防护栅栏。 3. 反铲作业时, 斗柄伸出不宜过长, 提斗不得过猛。挖土时, 斗柄应稳后再挖土。 4. 作业后, 挖掘机不得停放在高边坡、附近和填方区, 应停放在坚实、平坦、安全的地带, 将铲斗收回平放在地面上。	
			钻机作业	1. 钻孔桩型号 CZ-30。 2. 钻机进入现场前, 确认钻机高度满足作业空间要求。 3. 钻机进入线下作业时, 确保钻机平稳驶入; 钻机支立时, 确保钻机平稳, 不触碰便梁或线路, 并设专人指挥。 4. 钻机下放钢筋笼时, 确保钢筋笼长度与作业空间相吻合, 并确保钻机和钢筋笼的稳定性	

续附表 7-1

序号	卡控项目	作业内容	安全卡控重点	卡控措施	负责人
8	人身及机械操作安全	机械操作	吊车作业	1.施工过程中,专人盯控,仔细观察配件的提升及变化情况,如有异常,马上通知吊车司机,停止作业。 2.起吊物件应使用交互捻制交绕的钢丝绳,钢丝绳如有扭结、变形、断丝、锈蚀等异常现象,应及时降低使用标准或报废。应使卡环长度方向受力,抽销卡环应预防销子滑脱,有缺陷的卡环严禁使用。 3.起吊物件时,起重臂回转所涉及区域内和重物的下方,严禁站人,不准靠近被吊物件和将起吊物伸进起吊物下方观察情况,也禁止人站在起吊物件上。 4.起重作业时,司机应听从信号员的指挥,禁止其他人员的指挥,有紧急情况处理,必须通过信号员指挥,有紧急情况不良, 5.起吊物件时,作业人员不得在已受力索具附近停留,特别不能停留在受力索具除外。的内侧	
			胀轨跑道	1.施工地段应备好道碴。 2.根据轨温安排作业。 3.拧紧扣件螺栓和接头螺栓。 4.拨直不良轨向,保持线路方向顺直,对钢轨的死弯要进行校直。 5.严格执行"三测""四不超"和"两不走"。 6.作业后恢复道床组织全面回检,在炎热天气或作业地段方向不良时,要留有人看守,发现异状及时采取措施。 7.严格执行"混凝土枕无缝线路作业轨温条件表"规定的作业轨温条件。 8.加强和保持各种阻力,防止线路纵横位移	
			土方开挖作业	1.土方开挖前应首先联系相关部门到现场确认电缆位置,需要迁移则立即进行迁移。 2.支点桩通道开挖时,对作业人员进行安全技术交底,派专人进行盯控,在设备管理单位监护下施工,严格执行"一机一人"防护,在便梁底部0.5m悬挂钢管并设置反光条,挖掘机设置限位装置,保证挖掘机最大抬举高度小于3m,保证营业线运营安全 挖掘机作业时不破通便梁,保证营业线运营安全	

附录 8　线路轨道静态几何不平顺容许偏差管理值

附表 8-1　线路轨道静态几何不平顺容许偏差管理值（混凝土枕线路）

单位：mm

项目		120 km/h<V≤160 km/h（正线）				80 km/h<V≤120 km/h（正线）					V≤80 km/h（正线及到发线）					其他站线				
		作业验收	计划维修	临时补修	限速（120 km/h）	作业验收	计划维修	优先维修	临时补修	限速（80 km/h）	作业验收	计划维修	优先维修	临时补修	限速（45 km/h）	作业验收	计划维修	优先维修	临时补修	封锁
轨距		+4 / -2	+6 / -4	+8 / -6	+14 / -7	+6 / -2	+7 / -4	+8 / -4	+14 / -7	+16 / -8	+6 / -2	+7 / -4	+9 / -4	+16 / -8	+19 / -9	+6 / -2	+9 / -4	+10 / -4	+19 / -9	+21 / -10
水平		4	6	10	14	4	6	9	14	17	4	6	10	17	20	5	8	11	20	22
高低		4	6	11	15	4	6	9	15	19	4	6	10	19	22	5	8	11	22	24
轨向（直线）		4	6	9	12	4	6	9	12	15	4	6	10	15	18	5	8	11	18	20
三角坑	缓和曲线	4	5	6	7	4	5	6	7	8	4	6	7	8	9	5	7	8	9	10
	直线和原曲线	4	6	8	11	4	6	8	11	13	4	6	9	13	15	5	8	10	15	16

附录9 监测装置轨距超高初始值记录表(第一次架空)

附表9-1 监测装置轨距超高初始值记录表

A 型监测装置 IG 地址	1	2	3	4	5	6	7	8	9	10	11	12
轨距												
超高												

A 型监测装置 IG 地址	13	14	15	16	17	18	19	20	21	22	23	24
轨距												
超高												

A 型监测装置 IG 地址			3	4	5	6	7	8	9	10		
轨距												
超高												

A 型监测装置 IG 地址			15	16	17	18	19	20	21	22		
轨距												
超高												